世界名人非常之

★ ★ ★ ★ ★ ★ ★ ★

SHI JIE MING REN
FEI CHANG ZHI LU

凡尔纳

潘玉峰◎编著

中国社会出版社

国家一级出版社 ★ 全国百佳图书出版单位

《世界名人非常之路》编委会

著名学者培根说："用伟大人物的事迹激励我们每个人，远胜于一切教育。"

的确，崇拜伟人、模仿英雄是每个人的天性，人们天生就是伟人的追星族。我们每个人在追星的过程中，带着崇敬与激情沿着伟人的成长轨迹，陶冶心灵，胸中便会油然升腾起一股发自心底的潜力，一股奋起追求的冲动，去寻找人生的标杆。那种潜移默化的无形力量，会激励我们向往崇高的人生境界，获得人生的成功。

浩浩历史千百载，滚滚红尘万古名。在我们人类历史发展的进程中，涌现出了许多可歌可泣、光芒万丈的人间精英。他们用挥毫的笔、超人的智慧、卓越的才能书写着世界历史，描绘着美好的未来，不断创造着人类历史的崭新篇章，不断推动着人类文明的进步和发展，为我们留下了许多宝贵的精神财富和物质财富。

这些伟大的人物，是人间的英杰，是我们人类的骄傲和自豪。我们不能忘记他们在那历史巅峰发出的洪亮的声音，应该让他们永垂青史，英名长存，永远纪念他们的丰功伟绩，永远作为我们的楷模，以使我们未来的时代拥有更多的出类拔萃者，以便开创和编织更加绚丽多姿的人间美景。

我们在追寻伟人的成长历程中会发现，虽然每一位人物的成长背景各不相同，但他们在一生中所表现出的辛勤奋斗和顽强拼搏精神，则是殊途同归的。这正如爱默生所说："伟大人物最明显的标志，就是他们拥有坚强的意志，不管环境怎样变化，他们的初衷与希望永远不会有丝毫的改变，他们永远会克服一切障碍，达到他们期望的目的。"同时，爱默生又说："所有伟大人物都是从艰苦中脱颖而出的。"

伟大人物的成长也具有其平凡性，关键是他们在做好思想准备进行人生不懈追求的过程中，从日常司空见惯的普通小事上，迸发出了生命的火花，化渺小为伟大，化平凡为神奇，获得灵感和启发，从而获得伟大的精神力量，去争取伟大成功的。这恰恰是我们每个人都要学习的地方。

正如学者吉田兼好所说："天下所有的伟大人物，起初都很幼稚而有严重缺点的，但他们遵守规则，重视规律，不自以为是，因此才成为一代名家，成为人们崇敬的偶像。"

为此，我们特别推出《世界名人非常之路》丛书，精选荟萃了古今中外各行各业具有代表性的名人，其中包括政治领袖、将帅英雄、思想大家、科学巨子、文坛泰斗、艺术巨匠、体坛健儿、企业精英、探险英雄、平凡伟人等，主要以他们的成长历程和人生发展为线索，尽量避免冗长的说教性叙述，而采用日常生活中富于启发性的小故事来传达他们成功的道理，尤其着重表现他们所处时代的生活特征和他们建功立业的艰难过程，以便使读者产生思想共鸣和受到启迪。

为了让读者很好地把握和学习这些名人，我们还增设了人物简介、经典故事、人物年谱和名人名言等相关内容，使本套丛书更具可读性、指向性和知识性。

为了更加形象地表现名人的发展历程，我们还根据人物的成长线索，适当配图，使之图文并茂，形式新颖，设计精美，非常适合读者阅读和收藏。

我们在编撰本套丛书时，为了体现内容的系统性和资料的翔实性，参考和借鉴了国内外的大量资料和许多版本，在此向所有辛勤付出的人们表示衷心谢意。但仍难免出现挂一漏万或错误疏忽，恳请读者批评指正，以利于我们修正。我们相信广大读者通过阅读这些世界名人的成长与成功故事，领略他们的人生追求与思想力量，一定会受到多方面的启迪和教益，进而更好地把握自我成长的关键，直至开创自己的成功人生！

人 物 简 介

名人简介

儒勒·加布里埃尔·凡尔纳（Jules Gabriel Verne，1828～1905），生于法国西部海港南特。他的父亲是位优秀的律师，一心希望凡尔纳能子承父业。

凡尔纳在 18 岁时遵父嘱去巴黎攻读法律，但他对法律毫无兴趣，却爱上了文学和戏剧。

毕业后，凡尔纳专心投入诗歌和戏剧的创作，为此不仅受到父亲的严厉训斥，并失去了父亲的经济资助。在巴黎，他创作了 20 个剧本和一些充满浪漫激情的诗歌。

后来，凡尔纳与大仲马合作创作了剧本《折断的麦秆》，并于 1850 年初次上演，这标志着凡尔纳在文学界取得了初步的成功。

在这期间，凡尔纳经常到国家图书馆，开始热衷于各项科学的新发现，同时系统地研究地理、数学、物理、化学等，为他想写的科幻小说积极准备词汇。

1862 年，凡尔纳结识了出版商儒勒·赫泽尔，并与之结下终身友谊。赫泽尔与凡尔纳签订合同，每年为其出版两本科幻小说。

《气球上的五个星期》出版之后，凡尔纳的创作进入了一个多方面的探索时期，他试验多种写法，朝多种方向进行探索，一发不可收拾。每年出版两本，总标题为《奇异的旅行》，包括《地心游记》、《从地球到月球》等，此后探索停止，开始成熟，进入平稳的发展时期，创作出了《八十天环游地球》、《大木筏》、《两年假期》等优秀作品。

凡尔纳于 1905 年 3 月 24 日，因糖尿病急性发作而去世。

成就与贡献

凡尔纳的作品，不仅文笔流畅、情节起伏，更可贵的是，他那非凡的想象力，浪漫而又符合科学的幻想，使读者提前迈进了未来世界。

凡尔纳总共创作了百余部长篇小说和短篇小说集，还有几个剧本，一册《法国地理》和一部 6 卷本的《伟大的旅行家和伟大的旅行史》。

凡尔纳还是许多发明家的老师，不仅如此，凡尔纳的小说到处充满了科学，许多科幻事物在多少年后都成为了现实。他的作品培养出了一个又一个诺贝尔奖得主。

地位与影响

凡尔纳被人们称赞为"科学时代的预言家"。后来，许多科学家都曾谈及，他们是受凡尔纳作品的启迪，才走上了科学之路的。

潜水艇发明者之一，美国青年科学家西蒙·莱克在 1897 年建造了"亚尔古"潜艇。莱克在自传的第一句话便说："儒勒·凡尔纳是我一生事业的总指导，是我生活的导演。"

1884 年，教皇在接见凡尔纳时曾说："我并不是不知道你的作品的科学价值，但我最珍重的却是它们的纯洁、道德价值和精神力量。"

凡尔纳逝世时，人们对他作了恰如其分的评价："他既是科学家中的文学家，又是文学家中的科学家。"

凡尔纳正是把科学与文学巧妙地结合起来的大师。

多梦少年

　　当科学开始说话的时候，那就只好闭口不言。但科学是从错误中产生，犯这些错误乃是必要的，因为这些错误逐渐导致真理。

——凡尔纳

出生即被寄予厚望

1828 年 2 月 8 日，儒勒·凡尔纳生于法国西部海港南特费多岛。

从地图上看，法国略呈五边形，有点像一个人。

我们可以把法国向地中海和大西洋伸出的两个角当成是两只手臂，左手上捧着的明珠，是马赛；右边的明珠藏得比较严实，在胳肢窝下，是南特。

南特是法国大港口之一，也是当时法国最繁华的城市之一。南特城位于卢瓦河右岸，距出海口约 50 英里。

宽阔、水量充沛的卢瓦河有 5 条支流流经市区，因此城内的桥梁为数众多。其中有一条支流叫埃德尔，由北向南流，正好把南特的老城和新区一分为二。

南特位于法国西部，濒临大西洋的布列塔尼半岛上，也是半岛上最大的城市，自古以来就有经商和工业生产的传统，历史上是与西印度群岛做香料生意的贸易中心。

自然，南特也是造船工人和海员、船主和商人的城市。该城的望族都是靠贩卖黑奴发迹的黑奴贩子和靠剥削西印度群岛印第安人的农场主的后裔。

全城内外，无一不与大海息息相联。虽然在城里看不见大海，但街头巷尾，处处都充满着海洋的气息。

凡尔纳的父亲名叫皮埃尔·凡尔纳，是一名律师；母亲名叫索菲·阿洛特·德·拉菲伊。儒勒·凡尔纳是他们的第一个孩子。

索菲的祖先是一个曾服役于法国国王的苏格兰射手，而她的父亲喜欢四处闯荡，几乎从不着家。皮埃尔与索菲结婚以后，就住在了索

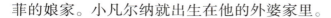

菲的娘家。小凡尔纳就出生在他的外婆家里。

刚刚出生时，小凡尔纳身体很弱，甚至都消化不了母亲的乳汁，因此整天都饿得直哭。

皮埃尔有些神经衰弱，并且消化不好，还有风湿病，所以对孩子的哭声非常反感。有一次，他实在受不了了，就对索菲说："亲爱的，孩子再这样哭下去，我非得被折磨死不可，我好长时间都没有好好吃一顿饭了，而且你也顾不上为我整理衣服。这样下去可不行。"

索菲却不以为然地说："我哪儿管得了这么多，光照顾儿子就够我忙的了。"

在这样多次争吵后，夫妻之间的关系变得很紧张了。

虽然后来他们请了一个保姆，但才过了几天，保姆就无法忍受这种压抑的气氛而辞职了。

皮埃尔恼火地对索菲说："索菲，孩子一天天哭个不停，就是因为你不会带孩子。要不我们找个奶妈带他吧！"

索菲却非要坚持自己带孩子："你不就因为我顾不上帮你整理衣服、为你做可口的饭菜吗？如果你再说要把儿子送给奶妈，我就带着儿子离开这里，你一个人过好了。"

皮埃尔没有办法，只好出去散心。晚上回来，他向索菲道歉，并表示不再说让奶妈带孩子的话了。

但是，就在这天晚上，小凡尔纳整整哭了一宿。

皮埃尔在恼火之下，又与索菲发生了争吵："孩子再这样闹个不停，我真没法活了。"

过了几天，他和妻子商量带孩子去看医生，检查一下小凡尔纳是不是有什么病。索菲也有些受不了孩子的哭闹了，于是同意去请医生。

医生为小凡尔纳做了全身检查，经过两个小时检查，在他的脚上发现了一根小木刺，医生细心地把木刺用针挑了出来。

小凡尔纳终于不再哭闹了，成了一个乖孩子。皮埃尔夫妻俩长出了一口气，家里又恢复了往日的和睦恩爱。

春天来了，父母决定为小凡尔纳做洗礼。家里来了很多亲戚。

皮埃尔把家庭成员的肖像挂在墙上，并办起了隆重的家宴。大家喝着香醇的美酒，一起举杯为孩子祝福。而大家在酒宴上，争论的焦点是孩子将来成为一个什么样的人。

外婆摸着摇篮里外孙的小手说："这孩子将来肯定是一名出色的水手。"

皮埃尔的父亲、小儒勒的祖父立刻表示反对："不！我看这孩子前额宽阔，脖子挺直，将来会是一名优秀的诗人。"

而皮埃尔却既不想让儿子成为水手，也不希望他当一名诗人，他却期望孩子将来能继承他的事业，成为一名成功的律师。

大家纷纷发表自己的高见，声音越来越大，争论得异常热闹。等他们的激情逐渐平静下来，在酒精的驱使下纷纷找地方休息去了。

几天后，皮埃尔与索菲郑重谈起了小凡尔纳的将来："亲爱的，我们的长子一定要子承父业。至于水手和诗人，就让下一个儿子来当好了。"

索菲对丈夫的意见也深表赞同。

从小就充满幻想

不久以后，凡尔纳全家就搬迁到了费多岛让·巴特第二河马路的公寓中。在这里，皮埃尔上班就方便多了，因为他们公司就在这座公寓里。

小凡尔纳在这里慢慢地长大了。而这期间，他的一个弟弟保尔和3个妹妹安娜、马蒂尔德、玛丽也先后出世了。

这座岛城由24名阔绰的圣多米尼克种植园主集资建于1723年，底下全打了桩基，景色迷人。这些种植园主因1763年签订的《巴黎条约》和印度公司的倒闭而破产，不得不放弃他们豪华的住宅。后来，这些公馆的楼层改成住宅，而楼下则用于经商。

虽然费多岛只是个河中岛屿，但是卢瓦尔河入海口外的浪头仍然汹涌澎湃而来。费多岛的河滨街，有个不小的码头。码头上，人声鼎沸，热火朝天，车来船往，一片繁忙景象。由加勒比海和几内亚湾回航的远洋帆船多在此卸货。

在19世纪前期，大约有2000多艘船只，往返于南特和海外之间。码头上堆放着甜酒、咖啡、可可、甘蔗，还有猴子、鹦鹉和金丝鸟与各种琳琅满目的鸟笼，以及菠萝和椰子等。

码头上靠泊着来自克罗瓦西克的渔船和盖郎德盐场的运盐船；水产储运批发商和女鱼贩在码头上来来往往，人们可以望见在港口抛锚的帆船的樯桅和码头的繁忙景象。

这个小岛由花岗岩构成，长长的，像航行在卢瓦河中的一只大石船。小岛风景如画，长满适于潮湿温暖气候的亚热带植物，郁郁葱葱，冬夏常青。

幼年的儒勒嬉戏玩耍，只限于这个狭小的天地。他每每伫立在"船尾"凝视卢瓦河滔滔河水，他觉得维多岛真的像一艘大船一样朝相反方向溯流疾驶。当他在"船首"观看卢瓦河水，又觉得维多岛又在高速破浪前进。尤其在卢瓦河丰水期，他像一个真正的船长，笔直立在"船头"，与身边划过的方形风帆的渔船，以及二桅、三桅远洋帆船齐头并进！

可惜，当他这种幻觉消失之后，渔船和帆船或停泊岸边，或顺流远去，他依然原地不动，心中引起无限惆怅，并使向往大海和大海那边的异国他乡的愿望更为强烈！

小凡尔纳和保尔在码头上闲逛着，出神地看着那些向岸边驶来或正驶离码头的航船。在码头上，从遥远海岛来的高大三桅帆船是小凡尔纳最感兴趣的物事。

这庞然大物是来自合恩角，还是布里

斯班？抑或是古老的印度或神秘的中国？一天又一天，他坐在港口好奇地打量繁忙的水手，呼吸着大海的芬芳和林林总总香料的气味。尤其看到船只张开或落下巨大的帆时，他们就会兴奋地拍着小手欢呼。每当看见一艘船扬帆出海，他的整个儿身心便飞到船上。

保尔对哥哥非常依赖，而且他认为哥哥是除了爸爸之外最有学问的人，他常常问儒勒："哥，那些三桅船开到哪儿去了，怎么都看不见了？"

小凡尔纳就会认真地告诉弟弟："他们要去前面的一个海岛，那

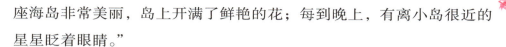

座海岛非常美丽，岛上开满了鲜艳的花；每到晚上，有离小岛很近的星星眨着眼睛。"

"比我们这儿还美吗？"

"那还用说。"

"要到那里去，必须成为一名水手才行，是吗？"

"当然。"

"等我长大了，一定要成为一个出色的水手，开着我自己的船到那个美丽的小岛上去看鲜花和星星。哥，你和我一起去好吗？"

"当然好了。"

两个小家伙迎着扑面的海风，大口地呼吸着海风中带来的浩瀚大海的味道，他们真渴望快快长大，能够驾驶着自己的船，早日去梦想中的小岛。

好奇心是孩子们的天性，这种天性常常促使儒勒和保尔不约而同地来到码头上，他们多么想仔细地看一看去合恩角的远洋帆船啊。久而久之，他们对这些远洋帆船便熟悉起来。船只的靠岸或起航，即使对居住在港口上的人来说，仍然具有一种强烈的吸引力。大帆船的各项操作，构成一幅令人心醉神秘的图景，无疑也成了这兄弟俩无休止的交谈内容："这艘漂亮的三桅帆船是从什么地方开来的？这艘双桅横帆船又要开往什么地方？"

从船上卸下的货物给他们带来了海岛的芬芳，而这些如此遥远和神秘的海岛无疑使他们产生各种幻想。

凡尔纳一边思索着一边不由得问保尔："保尔，那艘双桅横帆船来自哪里呢？是不是很远的地方？它怎么带来了那么多的货物？"

保尔当然无法回答哥哥的问题："哥，我不如你知道得多，你不要问我。"

每当去亲戚家串门的时候，小凡尔纳就会缠着让人给他讲一些神秘新奇的故事，一边听着，脑海中一边闪动着一些画面。尤其到了姑

妈家，会有一些从美洲回来的人，凡尔纳对他们亲身经历的如何穿越洪荒的原始森林到达伊利湖和尼亚加拉大瀑布的冒险故事心驰神往。常常呆呆地去梦想那遥远神秘的地方。

涨潮时，海水将小港湾全部吞没，儒勒和保尔将目光转向大海，不觉浮想联翩。他们感觉到了大海的召唤；儒勒首先被这种诱惑征服了。

凡尔纳6岁的时候，开始去幼儿学校学习，那里的老师是一位船长的妻子桑本太太。她对皮埃尔说："您就放心把孩子交给我，专心去工作吧！"说着眯起她那好看的眼睛，和善地抱起了小凡尔纳。

小凡尔纳在这一刻忽然有一种奇妙的感觉："难道她会和我外婆一样吗？不知什么原因，我从心里喜欢她。"

桑本太太拿出一些纸和几支彩笔，递给小凡尔纳说："儒勒，你听好了，这支蓝色的笔是用来写字的，而红色的用来画画，小心别把纸弄破了。想写什么画什么就尽管去写去画，只是要珍惜它们。"

"我知道了，是不是想画什么就可以画什么？"

桑本太太和蔼地笑着说："当然是了。"

皮埃尔有时工作忙了，常常顾不上来接凡尔纳，他就跟着桑本太太玩，这时，她会给凡尔纳讲很多有趣的故事。在这期间，凡尔纳注意到，桑本太太总爱走到窗前，看着远处的大海。

有一天，凡尔纳也跟着她来到窗前，忍不住问她："老师，您总是望着大海，究竟看什么呢？"

桑本太太说："没什么，就只是看看大海。"

小凡尔纳更加不解了："那里有很多有趣的故事吗？是不是很有意思？"

"没什么，一点也不有趣。"

"那您还总是看个没够？"

桑本太太叹了一口气，缓缓地、像是自言自语地说："我丈夫桑本是一位远洋轮的船长，我们当时正是新婚蜜月，他就和我分开远行了。他离开的那天，就是前方那片海边，他升起了船上的帆，然后就起程了。临行他对我说，将来他还会在那里返航。到那时，我在窗边就可以望到他。"

"可是，已经过去 30 年了，我听到有传言，说他在海上出了事故，遇到大风把船吹翻了。我不相信他会遇难，因为他是最好的水手，什么困难都不会打败他。所以我这 30 年来，就一直穿着他临走时我穿的衣服，坚信他会回来和我团聚。"

小凡尔纳听得入了神，这才明白，她为什么一直穿着那显得有些旧的只适合年轻女孩穿的衣服，而且从来不顾及别人怎么议论她。

在那一刻，小凡尔纳也被桑本太太那种深深的忧郁和期待感染了，他坚定地说："我相信桑本先生肯定会回来，到时我和您一起去接他。"

从此，小凡尔纳就常常与桑本太太一起站在窗前，他痴痴地望着大海，脑海中浮现出大海上的情景。

喜欢尝试各种新鲜事

1837 年，凡尔纳 9 岁了，他跟着桑本太太学了 3 年之后，就和 8 岁的弟弟保尔一起去圣斯塔尼斯拉公学上小学了。

这时，凡尔纳又瘦又高，经常踩着高跷在校园里疯跑，把头发吹得乱蓬蓬的。他虽然并不苦读，但成绩却总是能保持在前 10 名。他在运动和游戏方面确有不俗的表现。学校给他的评语是"在课间活动中是校园里的真正王子"。他把精力都用在了锻炼上，是足球球场上的一员骁将。

读二年级时，凡尔纳获内省、地理和声乐 3 张奖状，背诵课获得了头奖；读三年级时，他在声乐方面保持相同水平，并获希腊文作文一等奖，希腊文翻译二等奖和地理三等奖；读四年级时，他在得奖名单上依然有名，拉丁文翻译获一等奖，声乐仍得二等奖。

地理课在凡尔纳兄弟面前展现了一幅幅广袤世界的景象，而这之前他们只在冒险故事里听过。探险家和旅行家的奇异经历和遥远国度的异国风情，尤其使他们心驰神往。

凡尔纳积极开动脑筋，在课余时读了大量课外书，并且以自己的想象去描画各种稀奇古怪的图，比如轮船、飞机和火车等。当时世界上还没有这些东西，但他却画得津津有味，乐此不疲。

当时有几个和他"臭味相投"的同学，他们一起组织了一个"走读集团"，每天放学后，大家就一起到南特主街和大广场角落的博丹书店看书。

不久，他们就和书店老板混熟了，老板还特意给他们提供了一张桌子，方便他们读书。

凡尔纳 11 岁的一天，他们再次来到书店，几个同学突然发现凡尔纳没有借书看，竟然一直伏在桌子上不停地写着什么。同学们都很奇怪：

"儒勒，你写什么东西啊？"

"没什么，想弄个剧本。"

"呵呵！咱们儒勒就要成剧作家了！"

不管同学们是嘲笑还是赞美，凡尔纳并没往心里去，他的心思一直停留在自己的剧本创作上。

他写的是一出悲剧，剧中的语言全是诗，这可能是他第一次涉足文学之路。

后来，他拿着自己的"大作"，踌躇满志地交给了当地一个小木偶剧团的导演。

导演看了一遍，然后看着凡尔纳，摇着头说："这个太文雅了，这种语言根本无法表达，我们演不出来。"说完把剧本退还给凡尔纳。

凡尔纳失望地捧着自己的处女作，心有不甘地又去了他的姑妈家。这时，他已经开始喜欢自己 12 岁的表姐卡罗利娜，他想把剧本让表姐看一下。当时另一个表姐玛丽也在。

但是事与愿违，本来想让自己的杰作给表姐留一个深刻的印象，但卡罗利娜听了这后，只是略带嘲讽地笑了笑，这可真刺伤了凡尔纳的自尊心。

幸好玛丽表姐没有表示不屑，还给了他相当多的鼓励。凡尔纳感激地为玛丽表姐写了一首诗，其中有这样几句：

你那同情心分担我全部的痛苦，
你那从来不会惹人厌倦的爱抚，
悄悄地揩干净我双目的泪珠。

每年当仲夏将至，凡尔纳一家便到卢瓦河对岸尚特内自家别墅消暑。别墅四周是碧绿如茵的草场，远处丛林片片，散落在日夜奔流不息的卢瓦河畔。

从凡尔纳小卧室的窗棂，可以看卢瓦河和冬天被河水淹没的草场。夏天，河畔有数处大沙滩，河中露出不少小沙洲。

凡尔纳是不安分的孩子。在尚特内，他和保尔兄弟钻丛林套麻雀，去采石场抓蜥蜴，下河游泳、捕鱼，甚是活跃。

有一位路边酒家老板是一位退役海员，由于他亲眼见过海蛇而远近闻名。于是凡尔纳兄弟俩一有时间就找海员，缠着他讲大海的奇遇。虽然这些故事，周围渔民早已听厌，可是他们却听得入神。这些故事在他们头脑中引起了无限遐想。

有一次，皮埃尔先生出差，带着凡尔纳同行。途经一个叫昂德尔的工业区，他们参观了一家造船厂。机器轰鸣，汽锤震耳欲聋，火车那样又笨又重的庞然大物竟行走如飞，使凡尔纳大开眼界。

凡尔纳每天都会在河边玩耍，有一天，他忽然在沙滩上捡到一个旧笔记本，原来是一位护卫舰舰长的航海日记。上面的字迹非常潦草，可能是写于战争之中，但凡尔纳却立刻坐在沙滩上，如饥似渴地读了一个下午。

他凝视着天边的落日，不由陷入了沉思之中："当时究竟发生了什么？激烈的海战是怎样一幅情景呢？"

他决心亲身体验一下幻想中的场景，于是鼓动起保尔，兄弟俩拿出零花钱，以每天一法郎租了一艘河边的小船，做海军打仗的游戏。

但是，毕竟他们还是孩子，租船费用渐渐让他们无力承担。

后来，保尔跟哥哥提出退出。保尔不参与了，仗自然就打得没意思了，凡尔纳也只好中止了这场"战争"。

冒险做见习水手

当凡尔纳和保尔闲着没事在码头上游逛的时候，曾经注意到，那些让他们神往的大帆船上，竟然有一些与他们年龄相仿的小孩子。哥俩看着那些小孩子跟那些大胡子水手一起在停泊的大船上来回穿梭，真让他们羡慕。

一天，当一个孩子到船下来的时候，凡尔纳跟在人家的后面，一直走到人很少的地方，他赶紧凑到近前问："你好，你也是水手吗？"

那个少年回过头来，他的脸被海风吹得黝黑发亮。发现凡尔纳跟自己年龄差不多，那少年挺直腰板，骄傲地说："是啊！我是一名见习水手！"

"什么叫见习水手？"

"这就是说，现在是在船上学习，等长大以后，就会成为真正的水手了。"

"每个男孩都可以去船上当见习水手吗？"

"当然可以，但必须先拿到雇用合同。"

凡尔纳还想问问如何取得雇用合同，但那个男孩已经转头走了。

这让凡尔纳兄弟多么羡慕跟他们同龄的少年见习水手！这些少年见习水手获得一份雇用合同，便能登上海船，到充满奇迹的异国去冒险！那高扬风帆的大船，真像一只展翅翱翔的大隼，载着他们飞向神秘的远方。

不过，想成为一名见习水手也并不是容易的事，虽然 11 岁的小男子汉已经无所畏惧，但家人会答应他吗？他几乎可以肯定地想象到，当他把自己的计划向家人公布时，大家都会像看怪物似的盯着

他，尤其妈妈，她一定会手捂胸口，脸色苍白。

1839 年夏天，凡尔纳得知一艘远洋船正准备起航开往印度。这艘三桅帆船叫"科拉利亚号"。这该引起凡尔纳多少联想啊！这艘漂亮的帆船即将开往印度，他想象着印度的壮丽景色。他想象着这次远航可能有的各种冒险：这展开的风帆，有如巨鸟的翅膀，将把你带向远方。

而且，科拉利亚这个名字，就像他钟爱的那位表姐的名字一般响亮，这可是向他发出的邀请！他揣摩着这几个词儿的音乐效果；在那遥远的海域，一定可以捡到许许多多的珊瑚。登上"科拉利亚号"到印度去，捎回一条珊瑚项链献给卡罗利娜，这难道不是一次富于诗意的冒险吗？

在这位年仅 11 岁、敢于蔑视困难的孩子的头脑中，一项方案很快就形成了。让别人接受自己为少年见习水手，这显然不是一件容易的事；他心里明白，他的家人肯定不会同意这项计划。因此，他首先要做的就是打听一下消息。

于是，他主动接触一位跟他同龄的孩子。这孩子在即将起航的这艘帆船厂有一份少年见习水手的雇用合同。凡尔纳机警地把那位小水手叫到一个人少的地方，直截了当地说："你愿不愿意把你的雇用合同出让给我？"

那少年一下惊呆了："你想干什么？"

"我想代替你上船，当一次见习水手。"

少年带着怀疑的表情上下打量着凡尔纳，然后问："这对我有什么好处？"

凡尔纳干脆地说："我会给你钱。"

那少年不知是厌恶了出海，还是当时正需要钱，他立刻与凡尔纳讨价还价："你给多少？"

凡尔纳把自己微薄的积蓄全部拿出来说："我有多少全给你，但我只有这么多。"

他俩进行协商，并很快就价钱问题达成协议。可是，在什么地方、采取什么方式上船，才不致引起船长的注意？

经过研究，他们决定在即将起航之前，经格雷努耶尔水道，用小舢板将凡尔纳悄悄送到大船上，然后再载着小水手驶回岸边，但这需要另一位少年见习水手协助，因为必须要有 3 个人才能把舢板驶回岸边。

这项实施方案必定是预先筹划好的，而不是偶然的。一切商量妥当，凡尔纳就在家里焦急而兴奋地盼望着。

预定起航那一天，小家伙在清晨 6 时便偷偷起床，往旅行袋塞进几件衣服和面包干，溜出家门，穿过渐渐苏醒的尚特内村，绕道奔向码头，来到格雷努耶尔水道，跟在那儿等他的两位少年见习水手一起找到了一艘小船，直奔三桅大海船驶去。

一切都进行得挺顺利。趁准备起航的忙乱之际，将其中一位少年见习水手替换下来，这并没被人发现。三桅船中午起锚，傍晚抵达卢瓦河口潘贝夫，次日驶向大西洋，开往印度。

但是，在尚特内村，住在小别墅里的人都醒来了，等大家坐到桌边准备吃早饭时，却发觉凡尔纳不见了。

起初，索菲以为，她儿子很可能一时心血来潮，到外头溜达去了。后来，她逐个询问凡尔纳的弟妹："儒勒呢？"

保尔说："不知道，我起床的时候他就没在床上了。"

妹妹安娜也说没看到他。那两个也都说不晓得他到什么地方去了，索菲这才大吃一惊。时间一小时一小时地过去，索菲越来越感到担心。因为，她担心凡尔纳会不会像他的表哥一样，他的表哥两年前出去打猎，不幸掉到河里淹死了。

或者，他会不会跑到采石场去玩"占山头"的游戏，不小心跌下来摔断了腿？这个淘气包太热衷于冒险了，能玩出很多花样。

保尔和安娜听妈妈说到这里，也害怕地说："采石场周围经常有坏人出现，他们不会绑架了哥哥吧？"

到了中午 12 时 30 分，已经过了吃午饭的时间，但依然不见凡尔纳的影儿。索菲这下可真慌了，她请求住在隔壁的戈荣上校骑马去通知皮埃尔。

皮埃尔一听也急了，他匆匆返回，一边安慰索菲，一边赶紧去四处打听。

女猪肉商、善良的马蒂里娜说，早晨的时候，在教堂广场看见过凡尔纳。根据这条线索，很快地又了解到更重要的情况：正在让·玛丽·卡比杜林开的小酒馆里喝酒的一位格雷努耶尔水道的内河船员证实，他看见凡尔纳跟两位少年见习水手乘坐小舢板，上了"科拉利亚号"远洋船。

皮埃尔迫不及待地问："那船在哪里？"

"早已经开走了。"

"开到哪里去？"

"这艘船要开往印度，晚上很可能在潘贝夫停靠。"

皮埃尔顾不上道谢，赶紧转身奔向码头。此时显示出他是沉着果敢、对于非常情况处置裕如的人。他有幸搭上一艘这条河上速度最快的火轮船，一向谨慎懦弱的皮埃尔先生与艇长并立在舰桥上，他面色苍白但刚毅凛然。

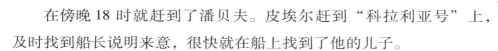

在傍晚 18 时就赶到了潘贝夫。皮埃尔赶到"科拉利亚号"上，及时找到船长说明来意，很快就在船上找到了他的儿子。

凡尔纳与父亲见面时，并没有觉得害怕和慌乱，反而像久别重逢一样欣喜。小孩子经过了一天的航行，最初的新鲜感，那种激动与兴奋已经渐渐消退了，这时已经有些后悔自己的草率和冒险了。

这次旅行以受到严厉的惩罚而告终，皮埃尔把他狠狠地骂了一顿；并且因此换来了更为严格的管教，凡尔纳不得不流着泪向母亲求饶，并且作出保证："以后保证只躺在床上，在幻想中旅行。"

1839 年的这一记耳光使凡尔纳变成一个极不开朗的人！

大约一年后，保尔提议，自己做一艘船去出海旅行。凡尔纳和保尔编制出海计划。凡尔纳帮助弟弟画几种航海路线图，确定航行路线，他认真对待这次旅行，熟记地图上的航线，历数途经港口以及要游览的名胜古迹并列出单子，必需用品的名称和数量，无一遗漏。

但随着时间的推移，凡尔纳越来越对旅行的事淡漠了。最后，好像忘记旅行这件事。保尔明白，哥哥不再去旅行了，因为他已在幻想中完成了这次旅行。

当然，凡尔纳所作的保证也是不太严谨的。因为，就在第二年，他就被获准与保尔一起乘坐河上汽轮，享受了一次旅行。尽管不是长途旅行，但却驶出了卢瓦尔河口，生平第一次见到了大西洋。

孤身体验海岛生活

在凡尔纳这个极富想象力的孩子头脑中，始终难以抗拒大海的诱惑，每当他读到有关海洋的书，就会如醉如痴地沉入无边的幻想之中。

当时，凡尔纳最喜欢读英国作家笛福的《鲁滨孙漂流记》以及瑞士作家怀斯的《瑞士家庭鲁滨孙》。

凡尔纳时常被书中那些生动的故事和丰富多彩的细节描写而激动不已，每每看到主人公那英勇顽强、扣人心弦的冒险经历，都不由得掩卷长叹，拍案而起，心灵中掀起滔天巨浪。

尤其是《瑞士家庭鲁滨孙》，更让他手不释卷，百看不厌。因为这部作品所描写的，并非是一个独胆英雄在荒岛上的艰苦生存奋斗，而是一个家庭一起流浪到一个孤岛上的故事，他们同甘共苦，生死不离，终于使整个家庭脱离了苦难，重获幸福。

在这种激情的鼓动下，不安分的凡尔纳头脑中又产生了一个奇特的念头：要像鲁滨孙那样，去孤岛上体验一下。于是，他独自跑到了尚特内以下的那段卢瓦尔河的一个小岛上，自己想象着由于遭遇到海难而不得不在那里流浪。

经过短暂的"绝望"之后，凡尔纳开始在小岛上"艰难生存"，他一边找一些树枝搭窝棚，一边心里自豪地憧憬着冒险中的情景："这是多么有趣啊！我就'不得不'在这里安下身来了，会不会遇到岛上的野人呢？"

钻进自己搭好的窝棚里，凡尔纳兴奋得快要发狂了，他终于体验到了鲁滨孙的"成功"漂流。

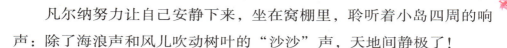

凡尔纳努力让自己安静下来，坐在窝棚里，聆听着小岛四周的响声：除了海浪声和风儿吹动树叶的"沙沙"声，天地间静极了！

太阳渐渐偏西，凡尔纳的肚子开始"咕咕"叫起来。开始，他还在忍受着饥饿的煎熬，并且想象着鲁滨孙们也会不得不面对这种考验。

但是慢慢地，饥饿终于占据了上风，凡尔纳已经有点忍受不住了："这种感觉真太不好受了，那些遭遇海难的人们饿上好几天，会是什么滋味啊！他们不仅要面对饥饿，而且还要防止野人的侵袭，真是太可怕了。"

天色越来越晚了，恐惧和饥饿已经完全占据了凡尔纳的内心："还是算了吧！要在这里待长了，简直就是一个噩梦。家里多好啊！能吃上可口的饭菜，还有保尔和我一块玩。唉！海水一退就马上回家去吧！"

时间在慢慢地过去，海水终于退下去了，凡尔纳已经早把鲁滨孙抛到九霄云外去了，他迫不及待地逃离了小岛。

一回到家里，他就奔向饭桌，然后狼吞虎咽地大吃起来。

一家人看着他那饿死鬼托生的样子，不由得又好笑又疑惑："今天他怎么这么饿啊？"

就这样，凡尔纳的海岛处女秀结束了。等夏天过去，一家人又回到了南特。

凡尔纳14岁的时候，全家搬到了小山丘上的让·雅克卢梭街6号，证券交易所和法院中间的一所宽敞的新居。这样皮埃尔工作起来就更方便了。

这里距河边只有几十米远，凡尔纳仍然有机会跑到码头上去，搜集那些来来往往的人们带给他的各种"海上见闻"。

凡尔纳对自己的表姐卡罗利娜，从懂事时起就深深地迷恋她。想起她1839年在盖尔谢表演时那优雅的情影，怎能不叫人产生某种忧

伤呢？她那时才 12 岁，但已经回眸凝视比她小 1 岁的表弟凡尔纳了。

卡罗利娜长得十分美丽，但是行为却略带轻佻，为了使自己在周围的小伙伴中树立威望，她对取悦一位少女所能提供的各种艺术手段早已心领神会。

12 岁姑娘常常是缩小了个子的女人，竭力施加影响、对敬意十分敏感的少女不乏其例。她们相当乖巧，懂得只要招人喜爱就能吸引人。

这位疯疯癫癫、感情充沛的表弟，曾冒险地进行过一次离家出走，他可是一种易燃物质。让他着火吧，对她来说，这兴许也是一件有趣的事。尽管她并不热衷这种游戏，但即使她不触动他的心，他向她作出的献媚无疑会撩起她的虚荣。

这是一场游戏，对卡罗利娜来说压根儿算不了什么。倒霉的是，凡尔纳这位多情的小伙子，他拼凑了各种越来越专断的梦想。他切切实实地思念她，自以为有朝一日能将自己的生命与这位俏丽的表姐联系在一起。

一天黄昏，凡尔纳走进了母亲的房间，脸涨得通红，低声对母亲说：“妈妈，我想对您说一件事。”

索菲以为凡尔纳又惹祸了，尽量镇定地问：“我的儿子，又发生什么事情了？”

凡尔纳羞涩地说：“我发觉，我爱上表姐卡罗利娜了。”

索菲大吃一惊：“你不是开玩笑吧？”

“不是，我对这位姑娘产生一种强烈的兴趣，她不止一次地闯入到了我的梦境之中，而且在好几个月的时间里，她唯一地占据着我的心境。”

但是，索菲非常了解卡罗利娜的品性，她劝儿子说：“既然这样，我不得不提醒你，亲爱的儒勒，这可能只是你的一厢情愿，事实可能根本不是这样，你表姐压根不会有和你相同的想法。”

凡尔纳对母亲的话深感伤心："妈妈，但愿不像你说的一样，否则我会伤心死的，因为我坚信我真的爱上了她。"

但卡罗利娜注定让凡尔纳伤心。两人渐渐长大。随着岁月的流逝，他们之间的鸿沟越来越深。这位少女已长大成人，也就是说，已到了结婚的妙龄，然而，凡尔纳却仍像少年时代那样局促笨拙。

1846年，凡尔纳中学毕业，虽然他是个出了名的"娱乐大王"，学习并不非常刻苦，但还是轻而易举地取得了中学毕业证书。

随后，凡尔纳面临着一种筹划就绪的前途。皮埃尔制订的家庭计划早已形成，要实现这项计划并没什么困难：他是长子，理所当然地要接替父业，保尔将去当海军军官，至于他们的几个妹妹，她们将要过门出嫁。

因此，凡尔纳离开学校之后，父亲要他开始接受法律教育，把他留在南特自己的事务所里攻读法学。他所使用的是当时通用的论著和教材。虽然他并不喜欢做这些事，但又无可奈何。

这些功课并未排除他的痛苦。这种痛苦是在当他听到卡罗利娜订婚的消息时产生的。

1847年冬天，为卡罗利娜举行订婚舞会的时刻来临了，这对于一位姑娘来说，可是一个她使用大自然提供给她的武器开始其女性战斗的时刻。

卡罗利娜非常俊俏，她的所有表兄弟和别的许多人都纷纷向她求爱。她开始漫不经心地逐个品评她的求爱者。她认为，年纪尚轻的凡尔纳不是一个可靠的对象。求婚者不乏其人，卡罗利娜只需在这伙年轻人当中加以挑选。

他们之中的一位似乎显得特别殷勤，凡尔纳对他产生一种强烈的嫉妒。哦！让·科米埃这个家伙！凡尔纳一直盯住他不放。

可是，这个可怜的让·科米埃大概也跟他一样受到鄙视，因为卡罗利娜选择的居然是德佐纳！

消息传来：婚礼在来年 4 月 27 日举行！这对凡尔纳而言简直是当头一棒。

凡尔纳伤心至极地想："我真的没有一点希望了吗？那我除了死掉，还有什么更好的办法呢？"

凡尔纳对卡罗利娜所能奢望的计划就这样破产了。对此，他的父母并没感到恼火，这是意料之中的事。大概是他们并不赞成表亲之间结合的缘故吧？

为了让凡尔纳避开这场婚礼，以免他受到更大的刺激，于是父母决定让他离开南特，到巴黎去参加开学时的法学考试。

1847 年 4 月初，凡尔纳登上轮船，沿卢瓦尔河逆流而上，中途再转乘通往巴黎的火车。那是他生平第一次坐火车。

到了巴黎，凡尔纳住在姑妈夏律埃尔泰雷兹街 2 号的家里。面对着脾气暴躁的姑妈，家里人都小心翼翼地尽量不惹她，所以凡尔纳心里非常郁闷。

凡尔纳在致父母的信中说："这幢住宅里，是没有空气也没有声音的枯井，简直没办法住人。"

因此，他每天早早起床，急忙吃过早点，便匆匆赶到塞纳河左岸拉丁区，一直到很晚才回到下榻处。

在夜朦胧、月朦胧的寅夜里，古老的唐贝大厦这个庞然大物从雾霭中突然出现在迟归的夜行人眼前，不由使他置身于历史河流之中；如同回到 300 年以前。

虽然考试在即，但凡尔纳为了排遣心头的郁闷，竟然躲在房间里一口气完成了从去年冬天就开始的 5 幕诗体悲剧《亚历山大六世》。

随后，凡尔纳通过了第一学年的法学考试。考试一结束，他就从巴黎出发南行，告别巴黎前，他在皇家广场流连忘返。瞻仰了他心中的"圣人"雨果的宅邸：沉睡的四壁、紧闭的百叶窗、广场附近悄然无声的古老住宅。这儿是巴黎古都的心脏，在这里曾住过许多名人骚客，如黎胥留、高乃依等。

在凡尔纳看来，这个既往的朝代，依旧那么生机勃勃，那么声威煊赫，他大概怎么也想不到，王朝已临末日。

离开巴黎，凡尔纳来到父亲的家乡普罗万，在姑妈家里住了些日子。在那里，他重新感受到了亲人的温暖。秋天，他必须勤奋攻读，准备迎接冬季大考。

母亲给他来信了，告诉他表姐已经举行了婚礼。凡尔纳彻底断了念头，立刻返回了尚特内，他毫无热情地泡在法学书堆里，等待开学。

只是那一段时间里，他总是表现得心不在焉，沉默寡言，面带忧郁，甚至有时半天都看不到他的身影。索菲和皮埃尔对此深感担忧。

皮埃尔说："不知道儒勒又到哪儿闷起来了。"

索菲长叹一口气说："是啊！他老是这么压抑，早晚会出毛病的。真没想到，卡罗利娜的结婚会对他造成这么大的打击。你注意了没有，他现在拒绝和女孩子一起跳舞，而且时不时表现得很暴躁。"

保尔报考了海军学校，虽然因为体检不合格而未能过关，但随后却到一艘船上做了船员。他真羡慕保尔，终于能从事自己喜欢的职业，而自己却还要无奈地啃那些无聊的法学书籍。

尽管如此，凡尔纳却从未放弃自己的文学创作，他继续进行剧本的写作，他的诗曾经在南特的文学团体中广为传颂。

凡尔纳由此受到了极大的鼓舞，他坚信自己有文学的天赋，将来肯定会成为一名作家。

1848年革命前夕，法国民众，特别是青年一代对法兰西王朝极度不满。2月，工人和革命群众奋战了几天后，终于推翻了七月王朝，并于25日宣布成立共和国。

但是，革命的成果很快就被资产阶级窃取了，巴黎的工人为了维护自身的利益，于6月举行了规模更大的起义，可是起义很快被镇压

下去，10000多名工人遇害。

而凡尔纳生活在古板家庭中，处于法律学教条和罗马天主教教义的双重压力下，没有个人自由可言。他在六月革命刚爆发后来到了巴黎，参加第二次法学考试。他和表哥亨利·加塞住在一起。

1848年7月17日，凡尔纳从巴黎发出一封信，给父亲开列了他的旅费的明细支出账，同时还描述了这次骚乱所造成的损失。

> 我看得出来，您在外省一直感到恐惧；您比我们在巴黎还要害怕。著名的7月14日这一天已经平静地过去了；现在，他们确定24日焚烧巴黎，但这并没妨碍这座城市像平时那样充满快活的气氛。

凡尔纳到街上走了走，看到墙壁上布满了弹痕，许多建筑物都被毁坏了，他想象着当时发生的激烈战斗场景，心中很难过。

凡尔纳再次通过了考试，但他讨厌主考官突然袭击式的提问。在7月21日的信中，他向父亲陈述说：

> 主考人总喜欢挖空心思地寻找一些最难以回答、最出人意外的问题当面质问你，然后又对你说：这些问题，我已经在课堂上讲过了。
>
> 有些人跟我一样，对这类问题根本无言以对。我心里明白，每当临近考试的时候，人们便后悔没竭尽全力去攻读法学。去年也是遇到这种事。对此，明年必须作出深刻考虑，注意到这一点也许是必要的。

皮埃尔考虑到儿子的前途，当即作出决定，让这位三年级的大学生于1848年秋定居巴黎。

闯荡巴黎

我就像一部机器那样一直在有规律地运转着，但我决不会让机器熄火。

—— 凡尔纳

搬离南特定居巴黎

1848 年 11 月 10 日，凡尔纳从南特搬离定居巴黎。

他之所以选择在这一天离开南特，是为了庆祝新共和国政府成立，1848 年 11 月 12 日，共和国临时政府准备在协和广场宣布新宪法。

路易·拿破仑担任第二共和国总统。庆典极为隆重。尤其让年轻人感兴趣的是，会上新任巴黎大主教将宣读新的自由宪章全文，并且朗读圣歌《感恩赞美诗》。

凡尔纳的朋友爱德华·博纳米听说，有一辆国民小分队的官方火车将要赶到巴黎去。于是这天一大早，他就叩响了凡尔纳家的房门。

在得知自己将会定居巴黎之后，这些日子凡尔纳一直沉浸在兴奋之中，博纳米与他相约今天出发。于是听到敲门声，他从床上一跃而起，奔到门口问："是博纳米吗？"

"凡尔纳开门，当然是我，太阳都晒屁股了，我们赶紧动身吧，再迟就赶不上那列火车了。"

凡尔纳把手指放在嘴边"嘘"了一声，把博纳米拉进屋内，"小声点，爸爸可能还没醒呢！我们不要吵醒他。你在这儿等我一下，我拿出皮箱咱们就动身。"

博纳米这才意识到，自己说"太阳晒屁股"是不正确的，现在才只凌晨 4 时。

但索菲早就起来了，儿子就要离开她了，她几乎整晚都没有睡好，早点早就准备好了，她端到儿子的房间。

博纳米赶紧站起身来："您好夫人，吵到您了吧？"

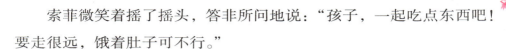

索菲微笑着摇了摇头，答非所问地说："孩子，一起吃点东西吧！要走很远，饿着肚子可不行。"

凡尔纳说："来不及了，我们现在就得走，否则就错过火车了。"

"哦！这么急吗？"

博纳米赶紧帮腔："是啊！时间真挺紧的。"

索菲看着儿子，眼中溢满了分别的泪水："那好吧！不用向你父亲道别了，我过后会告诉他的。一路多加小心，遇到什么难处就跟妈妈说，实在不行就再回来。"

凡尔纳吻了一下母亲的前额说："放心吧！妈妈，我知道了。您自己注意身体，也要让爸爸保重。"

说完，他提起皮箱，和博纳米匆匆走出了家门。

两个年轻人赶到马路上，坐上一辆去火车站的马车，他们的旅程就开始了。

坐在马车上，凡尔纳一直回头凝望着南特。马车驶离格拉斯广场，他最后回眸望一望广场喷泉，还有象征南特城的大理石塑像以及象征注入卢瓦河的 13 条支流的 13 尊铜像。

他对这个他生活了 20 年的港口城市产生了无限的留恋：多少童年的欢乐，多少年的幻想，都留在了那著名的布列塔尼公爵的城堡下、教堂里，尤其是和保尔一起到那千帆竞发、繁华喧闹的码头。别了我的少年时代，别了我的美好记忆。

突然，凡尔纳不由得又长叹了一口气，因为也是在这里，他伤心地想道，亲爱的表姐竟然嫁给了别人！

"让所有的一切都结束吧！让所有的快乐和悲伤都统统见鬼去吧。"凡尔纳在心里说，"我终于离开这个地方了，远离那些躁动不安的少年岁月，大家现在都不欢迎我。我总有一天会让你们明白的，你们一直认为很可怜的那个青年——儒勒·凡尔纳会成为怎样的一个人。"

马车穿街过巷，终于奔到了图尔火车站。

他们庆幸地看到，开往巴黎的那列载有国民小分队的火车还没发走，不过已经响起了嘹亮的汽笛声，警卫们大部分都上车了。凡尔纳和博纳米对视了一眼，夹在警卫中间挤上了火车。

列车员正毕恭毕敬地安排那些非常重要的旅客，突然发现了这两个很另类的年轻人。于是他走到凡尔纳和博纳米面前。

"小伙子，把你们的证件拿出来。"

两个人掏出证件递了过去。

"哦！原来你们不是警卫。"

"是，我们是大学生。"

列车长闻讯走过来对他们严肃地说："这列车只允许官方的警卫乘坐，抱歉，请你们马上下车。"

"先生，虽然我们不是警卫，但我们是非常支持新共和政府的，所以特意今天前去庆祝，如果我们错过这列火车的话，就赶不上那场盛大的庆祝大会了。"

"那也不行！这是专列，绝对不允许非官方人员混入。要是你们还赖着不走的话，我就只好把警卫官请过来，你们就会有好受的了。"

他们没辙了，只好下车改乘其他开往巴黎的火车。

年轻的凡尔纳坐在火车里好奇地向车窗外张望：车窗外，法国中部平原沃野、葱绿茂密的丛林和清澈的河水一一闪过。前面就是他久已向往，又陌生的法国首都。同时，他心里忐忑不安，巴黎将怎样接待他呢？

凡尔纳和博纳米两人到达巴黎时，已经是 11 月 12 日的夜晚了。协和广场已经燃尽了最后一批焰火，凛冽的寒风撕扯着湿漉漉的旗帜，鹅毛般的大片雪花飘洒不停。广场周围的大街小巷塞满黑压压一片片的士兵列队，又冷又湿偎缩着身子的市民，这一切在他们头脑中留下一种好像庄严殡葬之后的苍凉惨淡印象。

开 始 独 立 生 活

凡尔纳和博纳米来到巴黎的当天，就满怀着激动的心情与新鲜感，首先去参观了协和宫，然后，他们才去找落脚的地方。

经过旅途的劳顿，他们早已经疲惫不堪了，但他们却还得拎着沉重皮箱，迈着灌满了铅一样的双腿，逐条街道去打听有没有合适的出租房。

他们不知道走过了多少台阶，穿过了多少街道，最后来到旧剧院街24号，这才寻到了两套合适的房间，而且房子里还带有一些必需的家具，房主开的租金是一个月30法郎。

凡尔纳感觉，能在巴黎生活，他就已经得到了身心上的解放，他可以自主地安排自己的生活了。

凡尔纳是一个爱幻想的人，而且他住的这个地方，正处在塞纳河左岸，这是文人、艺术家、学士荟萃的地方，也是共和派的根据地。他总觉得似乎生活在一座海滨城市。

这里喧闹的餐馆和咖啡厅，有各种典型建筑；每逢夜间，大街上人声鼎沸，浓雾弥漫。微风不时带来塞纳河的潮湿气息。

现在，对凡尔纳来说，巴黎再也不是去年在皇家广场的皇家巴黎，而是一个离自己梦想越来越近的都市了。

之后，凡尔纳匆匆阅读有关大革命的报刊，了解整个革命进程，因为在南特只能了解零碎的事实真相。

1848年2月22日，愤怒的巴黎市民涌向街头，傍晚，工人区自发地筑起街垒。2月23日，圣安东区，皇家士兵的机枪宣告了法国君主制度的覆灭。

国王仓皇出逃英国，民众拥进王宫，工人们抢坐皇帝宝座。有人在宝座写上："巴黎民众向全欧洲宣布：自由、平等、博爱。1848年2月24日。"

自由、平等、博爱！在儒勒·凡尔纳看来，这几个词具有神奇力量！

但是，巴黎人民起义推翻封建王朝，为什么起义人民又遭到共和国临时政府的残酷镇压呢？这中间又有什么联系呢？年轻的凡尔纳并不明白。

凡尔纳的生活也并不是处处充满诗意的。首先，他感到力不从心的就是钱，每到月底，他就不得不想办法来应付催讨房租的女房东。

皮埃尔由于担心凡尔纳自己在外面缺少管束，如果给他钱太多了会不务正业，变得游手好闲，所以严格控制他的生活费用，每个月只给他寄125法郎。

但是，凡尔纳每个月仅房租、吃饭就得花去至少100法郎，另外取暖费、照明费、邮资以及日用品就只能靠剩下的25法郎来应付了。他只好省吃俭用，尽量缩减开支。

他觉得，公寓里的饭菜比较贵，他就到小餐馆去吃饭。有时为了省下几个钱，他甚至一天只吃一顿饱饭。

凡尔纳从巴黎写的第一封家书，字数有限，精炼而简短，诙谐而含义深长，他说："我每月只得到125法郎，而不是150法郎，我亲爱的爸爸，只剩点点余额购买奢侈品，比方注射器！房租35法郎，伙食至少65法郎，加起来就是100法郎，还有25法郎用来买木柴、付照明费和寄信，我刚买了一双鞋，还要补衣服、买纸等。我的牙齿长，胃口大，面包特贵。"尽管此信略略数语，语句诙谐，却道出了真情。

凡尔纳这时已经迷上了戏剧，但在这个文化大都市里，各种戏剧演出接连不断，他常常会因为没有钱观看而苦恼。

有一天，他找到剧院的老板，难为情地低声说："先生，我特别想看在您这里上演的戏剧。"

老板微笑着说："感谢捧场，那就请您进去吧！"

这下凡尔纳更难为情了，他羞涩地说："但我得向您说明一个情况，我身上没有钱，我不知道该怎么向您解释。"

老板看着这个自尊心很强的年轻人，思索了一下说："出于对你这样热爱戏剧的年轻人的爱护，我允许你白看一场戏，但我可不能开这个先例让你每场都白看。你看要不这样……"

没有老板把话说完，凡尔纳就急切地说："只要让我在您这儿看戏，让我做什么都可以。"

老板伸手示意他冷静一下，然后说："我们这儿需要一些特别的观众，他们要在某个演员上场或根据剧情的需要带领大家鼓掌，以带动剧场的气氛。虽然这有时会招致另外一些演员或观众的反感，但你必须这样做，这活你能做吗？"

凡尔纳毫不犹豫地答应了。

老板又补充说："其实我告诉你，巴黎的其他剧场都需要这样的

观众，你要真喜欢看戏的话，也可以到其他剧场不花钱看戏。"

这个消息令凡尔纳欣喜若狂，他奔回住所，把这个"福音"传递给了博纳米，那天他们就像过节一样快乐。

现在看戏已经不成问题了，但凡尔纳

爱书的积习难改，尽管还食不果腹、衣着寒酸，但他还想买一些名家的戏剧书籍。

有一天，凡尔纳站在书店的橱窗前，贪婪地凝视着那里摆着的"得槟版"精装莎士比亚和司各特全集。那种渴望，甚至让他像发了疯般浑身颤抖。

博纳米害怕凡尔纳真的发疯了，他关切地说："还是给你父亲写信，恳求他再加一点买书的费用吧！"

凡尔纳无奈地摇了摇头："我12月上旬已经给他写过信了，说我非常渴望得到一套《莎士比亚全集》，但他没有答应。"

看到博纳米很吃惊，凡尔纳解释说："他认为我看这种书是荒废学业，他只希望我把法律学好。"

最后，凡尔纳终于经受不了莎士比亚的诱惑，他毅然把准备改善"包装"的购衣专款60法郎买了书，为此害得他好几天用梅子充饥。

正式走进文学圈

此前，人们对路易·拿破仑可能成为独裁者心存忧虑，而如今，这种担忧已成为残酷的现实。当他即位伊始，在巴黎，自由、平等、博爱，几成禁语和违词。各种政治俱乐部已被取缔，只有在沙龙里尚可小心翼翼交流思想。

但这一类豪绅显贵、名流雅士、贵妇名媛集会的地方的门槛，对于清贫寒酸、衣着窳劣的大学生，是高不可越的。

为了从多方面来获取知识，凡尔纳努力接近文学界，他为了满足自己对文学的渴望，强烈地想要参加巴黎的沙龙活动。

第二年春天，凡尔纳的舅舅普鲁东和画家姨父夏多布尔来到巴黎参观美术展览，顺便看望圈里的好朋友。他们在巴黎上流社会交游甚广。

于是，当时在巴黎的有名沙龙，如乔敏太太、马里亚太太、巴雷太太的时髦沙龙，先后为凡尔纳开了方便之门。

进入一个文学沙龙，这意味着使他能与吸引着他的文学界人士交往。在文学沙龙里，那些知名人士出出进进，他们都衣冠楚楚，穿着讲究。可是，一个严重的困难摆在他们面前：凡尔纳和博纳米只有一套礼服！

因此，凡尔纳并未成为纨绔子弟们集会的座上常客。因为这些贵族子弟异常浅薄，并且装腔作势，故弄玄虚。他们不过在此消磨光阴、排遣烦恼、打打桥牌，空谈时事和政策，装点门面。所以在凡尔纳看来，这些沙龙只是结交新朋友的机会而已。

为了珍惜与文学界交往的机会，凡尔纳与博纳米想出一个不得已

的办法，他们轮流穿那一套晚礼服和一双新皮鞋。所以他们也只能每晚一个人去轮换着走进沙龙。

刚开始，凡尔纳经常去若米尼太太和马里亚太太的沙龙，但不久他就发现，若米尼太太的沙龙具有政治色彩，她一开口便满口不绝的政治，其实空无内容，索然乏味，因此他很快将之抛弃了。

而对于马里亚太太的宾客们的谈话，凡尔纳又觉得缺乏诱惑力。至少，这是他在1848年12月29日给家里写的信中所表达的最初印象和稍微有点草率的判断：

> 我越是到文学界人士的夫人家里，越发觉得这些文学信徒所掌握的知识多么广博浩瀚。我很希望她们都是一些学识相当浅薄的人，但不管怎么样，她们使谈话具有某种我无法表述的色彩。
>
> 这种色彩犹如那些上过漆的、闪闪发光的材料虽然粗糙，却非常赏心悦目的青铜像一般，烘托出了谈话的光泽。况且，这些谈话和青铜像，人们廉价地便可以获得。
>
> 不管怎么样，这些在最高阶层受到接待的女人，与当代最显赫的人物似乎打得十分火热！拉马丁、马拉特、拿破仑都来跟她们握手；一边是伯爵夫人，一边是公主太太；她们谈论车马、锡器、猎人、皮毛、羽饰、文学；她们根据各种崭新的，但充满虚伪的观点去评断人。而在巴雷太太的沙龙里，你可以自由呼吸。

不久，凡尔纳就成了巴雷太太沙龙的座上客。巴雷太太是凡尔纳母亲索菲的朋友，所以对他另眼相待，这使凡尔纳少了许多拘束。

在巴雷太太的沙龙，凡尔纳认识了许多许多浪漫派诗人和作家。尤其令他高兴的是，巴雷太太介绍他认识了《自由报》编辑孔特·

德·科拉尔伯爵。显然，这位巴黎编辑对凡尔纳的印象也很好。

凡尔纳随后在家信中写道："这位科拉尔先生是维克多·雨果的朋友。如果雨果同意接见我，他将陪同前往，到那时，我会认识更多的文学朋友。"

"诗圣"雨果是法国浪漫主义文学重要代表人物，自1827年出版了诗剧《克伦威尔》，接连发表了许多浪漫主义的戏剧、小说和诗歌，成为法国浪漫主义文学运动的领袖。

而且，在这革命的年代里，雨果不只是诗人，而且在革命伊始，就在人民一边，他被选为国民大会代表，并坐在代表人民立场的议员的左侧席位上。在此期间他写了许多政治论文，呼吁大赦和废除死刑等。此时，雨果作为人民的喉舌，其影响已远远超越法兰西国界。

在这年冬季，雨果住在奴维尔大街的上坎高坡上的土尔道温路37号宅邸。科拉尔答应凡尔纳一定找机会带他去拜访雨果后，刚走进文学圈的凡尔纳当然激动不已。

那一天，凡尔纳穿着他的节日用西装，借用英亚的新领带，手提舅舅的银头手杖，与科拉尔先生一起攀登坡道。科拉尔先生以颂扬的口吻讲述"诗王"的生活方式和习惯。

他说，雨果亲自动手设计和布置新居。在他的新宅里，集古今艺术品收藏之大成，有古瓷器、各国地毯、各类象牙雕刻、威尼斯玻璃器皿、古今东方和西方民间绘画、名家名画等不一而足。

他陈列的方式不同于陈列馆和一般的收藏家。例如，古人盛物箱子和寺院椅子成了壁炉装点物，教会唱诗班的乐谱架改用灯台，祭坛上的围罩改作牙床的华盖，中世纪的木俑在这里叫做"自由俑"，在餐厅的荣誉席上立着木刻牌"先考之位"，并用锁链圈起，谨防他人擅自入座。

科拉尔先生还说，这座古老住宅的四壁、天棚、壁炉、门窗、家具和其他空地方，都刻着拉丁文和法文的箴言或警句。雨果喜爱并长

于绘画，室内陈设，不少都是他亲手设计的。

当年轻的儒勒·凡尔纳踏上雨果正厅台阶的时候，诚惶诚恐，真有点受宠若惊。门敞着，是一间不大的摩尔人款式的客厅，一排宽大的落地窗对着塞纳河。

维克多·雨果立在窗前。而站在窗前，可以鸟瞰整个巴黎。雨果夫人与他并肩而立，对面是一位穿大红坎肩的男人。这位男士是诗人齐奥菲勒·戈蒂埃，被誉为法国浪漫派"神圣连队"的旗手。

雨果彬彬有礼地问道："请坐，请谈谈巴黎的观感吧！"

凡尔纳直至以后才明白，这么说只不过是一种客套话。当主人不知对客人说什么好，常以此来寒暄。而他作为一个初到巴黎的外省青年，未曾发表一首诗的诗人又能说什么呢？

随后，在巴雷太太的沙龙里，凡尔纳与一位叫阿尔彭蒂尼的骑士相识。他是在巴黎贵族圈子里红极一时的食客，一个了不起的手相术家，他和著名小说家大仲马很熟。大仲马不仅醉心于手相术，对笔相术、巫术和扶乩术也情有独钟。

大仲马从来不长时间逗留巴黎。他乘自家的豪华游轮去阿尔巴尼亚搞一次旅行之后，就蛰居在圣日耳曼城的"基督山"城堡里面。大仲马创作了大量的长篇小说、中篇小说、正剧、悲剧、喜剧、滑稽剧、杂剧、游记、记事体文学等作品，仅长篇小说就多达 500 多部之多。

巴雷太太与亚历山大·仲马之女、仲马太太过从甚密。而且阿尔彭蒂尼骑士允诺，他下次去圣日耳曼城，将带凡尔纳一同前往。

凡尔纳与大仲马初次会见，没有像与维克多·雨果会见那种怅然若失的感觉。他觉得雨果过于气宇深稳和淡雅平和。而大仲马的外貌也可证明他是与众不同的人。

那一次，凡尔纳自一场晚会早退，下楼时他忽然童心大发，沿楼梯扶手悠然滑下，不想正撞在一位胖绅士身上。

　　凡尔纳非常尴尬，道歉之后随口询问对方吃饭没有，对方回答说刚吃过南特炒鸡蛋。凡尔纳听罢摇头，声称巴黎根本没有正宗的南特炒鸡蛋，因为他即南特人而且拿手此菜。

　　胖绅士闻言大喜，诚邀凡尔纳登门献艺。这位胖绅士就是大仲马。

　　大仲马是个彪形大汉，长着一头黑人的卷曲浓发，一张河马式大脸盘，脸上有一双明亮、机警和狡黠的小眼睛，很有魅力。那一张大脸盘使人联想起满月时月亮表面的斑斑点点。他那微沙哑的说话声，像水量充沛但不急湍的瀑布声响。

　　同时，凡尔纳还注意到，这位"语言大师"的语言与其说华丽端庄，不如说淳朴敦厚。这位奇人能言善辩、口若悬河，他有一个了不起的特点，那就是不管和对手谈论什么，他都能驾驭，并能完全左右话题。

　　在大仲马的家中，凡尔纳还结识了大仲马那位于 1848 年因发表了小说《茶花女》而一举成名的儿子小仲马。

　　大仲马特别欣赏凡尔纳敏捷的口才。他当时连续发表了《三个火枪手》、《基督山伯爵》等风靡法国的著名小说，正处于创作的辉煌顶峰。

　　凡尔纳对大仲马的赏识激动万分，他在给父母的信中写道：

　　　　与文学直接接触，预感到不断徘徊于拉辛与莎士比亚、斯克里布与克莱尔维尔之间的文学今后将取的形态，这的确是一件极其新鲜、极其美好的高兴事儿。

　　　　我要跟歌德一道思考、吟诵：使我们幸福的东西没有一样不属幻想。

抓住机会进行实践

　　凡尔纳第二次到达巴黎，结识大仲马并受到这位赫赫有名的大作家赏识以来，他们之间往来频繁，过从较密。

　　凡尔纳对大仲马的崇敬之情也日益浓重，从事文学创作的愿望更加强烈。

　　有一次，凡尔纳同一位朋友谈话时说过："当我第一次会见大仲马的时候，我就下了决心：他为历史作出了贡献，我将为地理而奋斗。"

　　1849年2月17日，大仲马亲自指导，在他创办的历史和抒情剧院重新排演《青年火枪手》，特请凡尔纳到他个人包厢看戏。

　　这一年冬天，凡尔纳多次来到圣日耳曼城这座剧院。和他并排看戏的人，有诗人戈蒂埃、文艺批评家儒勒·燕南和当时最出风头的记者儒拉根。小仲马还给他指点池座中的名人雅士，有政治家、作家、批评家、演员和其他各界名流。

　　儒勒·凡尔纳觉得，自己已经是真正的巴黎人，并已跻身于作家之林了。

　　不久，凡尔纳终于通过了最后考试，取得学士学位。他前程已成定局。他不必再做外省律师的助手，可以返回南特成为皮埃尔的同事了。

　　凡尔纳的祖父安托万是律师，父亲皮埃尔也是律师，还有他的曾祖父也是公证律师和法院书记。说凡尔纳家族是律师世家，是名副其实的。然而，要想当律师就必须离开巴黎！

　　个人前途选择问题，使凡尔纳夜不成寐，是回南特做律师还是留

在巴黎当作家，确切说当剧作家呢？

在他看来，雨果是"诗圣"，他的声誉高不可攀，他是一座冰冷的纪念碑；而大仲马是烟火术士，虽然光彩照人，声名远扬，但不必仰视。

最主要一点，大仲马认为"文学创作不是靠天资聪慧或灵感超人，而是靠有才华的勤奋者终生不懈的艰苦劳动"。这种观点，使凡尔纳倍感亲切，也最为动情。

凡尔纳完成学业之后，并未立刻告别巴黎回南特省亲。皮埃尔得知儿子通过考试，除略表祝贺外，虽说他期盼儿子归省，却未加催促。皮埃尔觉得，儿子不过 22 岁，可以在巴黎度假，开阔眼界，增长才干。

这期间，凡尔纳为了获得更多的实践机会，主动帮助大仲马做剧院管理方面的工作，而且不知疲倦地接连创作剧本。

他写出了 5 幕诗体悲剧《火药商的阴谋》、独幕喜剧《拉伯雷的一刻钟》、5 幕悲剧《路易十五时代的一场悲剧》、两幕滑稽歌舞剧《阿布拉达》等戏剧作品。他把这些剧本送给大仲马看，并希望能被选中一个在剧院上演。

大仲马把凡尔纳的剧本都仔细看了一遍，最后选中了其中的一个诗体独幕喜剧《折断的麦秆》。

1850 年 6 月 12 日，《折断的麦秆》在唐贝大街那座雄伟华贵的历史和民族大剧院首次公演。凡尔纳坐在大厅里看着他剧本中的人物变得活生生的，亲耳听到由别人嘴说出自己的语言，有点飘飘然。

《折断的麦秆》的剧情其实十分简单：一个才人有位年轻的妻子，她看中了一条项链，但丈夫却不想把这条项链给妻子。于是两个人就用当时流行的方式来打赌，来决定谁来拥有这条项链。

他们折断一根麦秆，从这时候起，谁要是接受对方的任何一件物品便算输。两人挖空心思，彼此都想给对方来个措手不及，但始终没

获成功。

后来由于丈夫出门，妻子招来了从前的一位求爱者。侍女把他藏在壁橱里，丈夫也有所怀疑，便向侍女要壁橱的钥匙。他得到了钥匙，但打赌输掉了，不得不献出项链。

其实，类似折麦秆打赌，年老的公爵和他的小妻子，娇嫩欲滴的18岁美女以及小公爵夫人的情夫英姿勃发的骠骑兵的形象，在法国舞台上早已司空见惯，没有什么新奇、独到之处可言。

然而诗作生动活泼、铿锵悦耳、插科打诨、机灵俏皮、入木三分，深受观众的欢迎，本剧在巴黎竟然连演20场，并且得到巴黎批评家们的肯定。

朋友们为了表示庆祝，在一位作曲家的住处举行了宴会，与会的全是年轻的诗人和作曲家。

会后，有11位年轻人共同组成了一个戏称为"十一条光棍"的俱乐部，因为大家都是男性，又无家室。

他们是巴黎人，都来自外省，但他们有能力"征服"巴黎。他们约定，每周在一个小餐馆聚会一次，讨论文学事件，交流创作计划，朗诵诗歌，演奏弹唱。

凡尔纳是这个小团体的公认首领，他语出隽妙，频添佳趣，给每次聚会增添无限情趣。

按照自己的爱好发展

1850 年，凡尔纳回到南特休假，他突然发觉，他在故乡已经成了一个名人。因为他的首次成功，在巴黎除了那些光棍朋友，不会有什么人注意，但在南特却产生了巨大反响。

1850 年 11 月 7 日，《折断的麦秆》在南特城格拉斯兰广场老剧院举行首演式，在整个南特城引起轰动。当幕落之后，作者凡尔纳和演员一起谢幕时，他已成为全城的名人。

当时，全城的上层人物几乎全部出动了，批评家们也对该剧予以肯定，虽然有人认为剧情有些略伤风化，但其中一位批评家却说："只是由于作者的美德和才智，才使这出戏为人们所接受。"

另一位批评家却为剧中的老丈夫感到悲伤，他表示："这件有趣的琐事，给所有的老年丈夫上了一堂课，让他们为此而感到绝望。"

朋友们认为这是不小的成功，南特的亲友们把凡尔纳的成功视为自己的荣耀。有些中学时代的同窗学友，以早年结识这位巴黎剧作家而自鸣得意，对他少年时代种种逸事津津乐道。

但是，唯独皮埃尔不喜欢这出剧的轻浮和插科打诨，认为有失体面，他怕儿子成为一个危险的作家，一直想办法使他停止在文学道路

上的脚步。

"休假"结束后，凡尔纳本应回到皮埃尔当时已颇具规模的律师事务所，可是他却回到了巴黎。于是，父亲的刚毅冷峻的性格与儿子的固执任性的脾气终于发生了冲突。

凡尔纳满怀激情地接近文学，他曾在给父亲的信中，谈到自己对文学的看法：

> 只要在法国还存在一位能触动我们心灵的诗人，就让部长、总统和国会通通见鬼去吧！而激荡我们心灵的诗人永世长存！我赞成歌德的一句话："能够使我们幸福的没有一样是幻觉。"

皮埃尔意识到，儿子的这种想法非常危险，他对儿子的前途感到担忧，于是用极严厉的措辞给凡尔纳写了一封信，力图阻止他再与艺术界有任何来往。

凡尔纳反驳了父亲的观点，他说：

> 我非常感谢你的忠告，可是，直至如今，我刚刚开始遵循这条行动准则……我自己首先认识到，在这些艺术团体中，既有好的东西需要汲取，也有坏的东西需要摈弃。
>
> 你们一听到"艺术团体"这个词儿便骇然生畏，可事情本身并不值得这样大惊小怪……

因为这时皮埃尔年纪已经大了，应该由儒勒继承他的法律事务所了。但凡尔纳却决定留在巴黎当作家。他告诉父亲：

> 命中注定我和巴黎搅在一起了。将来，我可能成为一个

不错的文学家，但要当律师，我绝不会比一个蹩脚的律师好多少。那一直吸引我的，我一直梦寐以求的，是文学。

皮埃尔当然非常伤心，因为从凡尔纳出生之日起，他就把他定为自己事业的继承人，所有希望都寄托在他身上。

但皮埃尔是个非常通情达理的人，他在回信中表示了宽容和理解，儿子已长大成人了，有权选择自己的前途和谋生手段。虽然这位大学生固执地不肯接受他将给他留下的律师事务所，但他并没有断绝给他提供日常生活费用。

就这样，凡尔纳放弃了法律，决定当个作家，至于前途如何，他并未多想。

结识忘年交阿拉戈

1850 年夏天，凡尔纳利用在南特休假的几天时间，帮父亲打点法律事务所的事，虽然他不想做律师，但也不想让父亲过于伤心。因为他发现，父亲已经明显地驼背了，虽然事务所生意很好，但毕竟只靠父亲一个人来支撑。而且两个人发生分歧以后，皮埃尔心情一直不好。

就在这段时间，一个热情开朗、性情古怪的老头闯入了他的生活。

当时，凡尔纳正在事务所里帮父亲分析一个诉讼文件。

皮埃尔说："这是一件船长诉讼水手的案件，他们反叛了船长。因为他们嫌薪水太少，而且工作时间太长，身体都吃不消了。但是，他们竟敢聚众谋反，真是胆大包天了。"

凡尔纳却说："爸爸，我却很支持他们的做法。现在都是共和时代了，不能再用奴隶社会那一套，他们应该维护自己的权益。保尔也是水手，我想我们都希望保尔能过得很好吧！"

两个人正说着话，门一开，从外面走进一位老人。皮埃尔给凡尔纳介绍："这位老人就是为那些谋反的水手作辩护的，他叫雅克·阿拉戈。"

当时领着阿拉戈进来的是一位仆人，凡尔纳这才注意到，这位老人双目已经失明了。

老人一进门就大声说："谋反的水手？我可不爱听这个词。那可真是对这些英雄们的诬蔑。他们都是一些可爱的孩子。"

皮埃尔赶紧道歉："老人家对不起，是我失言了。"

接着他就转移话题说："这是我的大儿子儒勒·凡尔纳，他在巴黎学法学，刚赶回南特，但真让我伤心哪！他竟然不肯继承我的事务所，而要当一个作家。"

阿拉戈当即深感兴趣："哦！真是个有个性的小伙子。好啊！等忙完了这件事，我们到巴黎再好好聊聊。"

凡尔纳问："您也在巴黎？"

"是啊！一会儿我把我的地址告诉你。我也写过一本书叫《环球旅行·一个盲人的回忆录》，听说反响还不错呢！那我也算个作家吧，呵呵！"

凡尔纳激动地说："您就是《环球旅行》的作者阿拉戈？"

凡尔纳读过这本书，《环球旅行》是阿拉戈失明后写成的。令人惊异的是，他竟能在他记忆中，确切地说在心灵深处保留着碧波汹涌的大海、蔚蓝瓦亮的天空、多姿多彩的海岸、散落在大洋上的小岛。

难能可贵的是，他能把失明前瞬间所看到的稍纵即逝的东西，一一重现在读者面前！

他书中的情景具有丰富的想象力，总是活灵活现，洋溢着作者的满腔激情。阿拉戈笔下生辉，华章佳句，妙语连珠，其中浸润着一个盲人的稀有眼泪，饱含着一个耄耋老人的可贵热情。那含而不露的幽默，蕴涵深远的喻义。

因而，凡尔纳捧读此书，时而口角春风，时而微蹙剑眉，时而忍俊不禁，时而珠泪纵横。凡尔纳不仅喜爱《环球旅行》，更为作者本人的事迹所感动。

凡尔纳当即表示："我回到巴黎，一定会登门拜访您。"

凡尔纳回到巴黎后，真的在一个周日的晚上去拜访了阿拉戈。

他们彻夜交谈，相见恨晚。

阿拉戈的哥哥是当时著名天文学家和物理学家费朗索瓦·阿拉戈。

通过交谈，凡尔纳感觉阿拉戈性格乖僻、偏执，但坚忍不拔，他给凡尔纳创作上造成很大影响。

阿拉戈虽然已双目失明，年过七旬，但出奇地乐观豁达，生命不息，进取不止。阿拉戈是一位不知疲倦的旅行家。在儒勒出生前，他已漫游全世界。当年的阿拉戈，视力好，记忆力极佳，他所走过的地方的情景全都铭刻在他的记忆之中。

1849 年，双目失明的阿拉戈发起组织了一个庞大的探险队，前往淘金圣地北美加利福尼亚。他很爱探险和旅游，虽然年纪大了身体又不好，但他仍不放弃。

阿拉戈说："好多人都对我不理解，认为我怪癖，但我才不在乎呢！只要你自己对所从事的职业感兴趣，别的都不要管。我在南美洲的时候，曾经见过一种巨大的蔓生植物，你可能永远想象不到，它竟然有 10 多英里长，我就顺着这种植物，一直走到了巴西里约热内卢附近的小山上。"

凡尔纳全神贯注地听着，深深地被老人的故事打动了。

从此以后，凡尔纳不断地去拜访阿拉戈。他在这里经常能遇到一些探险家、地理学家和科学家。他们海阔天空，无所不谈，凡尔纳时常浮现出小时候的一些幻想，他好像又回到了费多岛，看着码头上来来往往的大船，"科拉利亚号"扬帆远航，带他去到遥远的印度。这大大激发了他心底深处的探索欲望。

就在这种欲望的鼓动下，凡尔纳对地理产生了强烈的兴趣，而且通过地理带动了对其他科学的兴趣。他废寝忘食地学习各门科学，从清晨 5 时就开始起床读书。这一年夏天，他是在法兰西国家图书馆大厅度过的。他在试图独辟蹊径，广泛地涉猎地理、数学、物理、化学等各种学科，积累了 20000 多张摘抄卡，为他日后的写作打下了良好的科学基础。

顽强地与艰难抗争

1851 年夏天，凡尔纳在巴黎的处境异常艰难。他虽然驾驭了诗歌写作技巧，却形成不了自己的风格；他的剧本具有法国特有的幽默和诙谐，但全部都是程式化的东西；他的散文作品大多是模仿，既感觉不到作家的内心呼唤，也表达不出作者内心的思想，更缺少以作家丰富想象力塑造出来的活生生的形象。

凡尔纳已年满 23 岁，除了一出独幕喜剧上演外，连一篇作品也没有发表过，便独自面对巴黎，独立闯世界了。他靠什么生活呢？

眼下，凡尔纳要生活，而且他觉察得出，他成了父亲的一个沉重负担，因为，他父亲虽操劳一辈子，也只能获得一种有限度的宽裕。

其实，凡尔纳并没有过高的物质要求，只是要维持生存。家里给他的钱一直就不够用。所以他必须去找一份工作了。

他找了一家律师事务所，工作从早 7 时至晚 21 时。年薪 600 法郎，而且 3 年不加薪。这几乎和一个清洁工一样，这样他根本没有写作的时间。所以他放弃了。

随后，他到一家银行干过一阵子，但很快就感到失望。他只好去给学生上法律补习课。

索菲得知儿子在巴黎生活得很困难，就劝皮埃尔："亲爱的，再多给儒勒些钱吧！把他饿坏了怎么好。"

皮埃尔心里一直对长子的叛逆心怀怨恨，他说："多给他钱，我还不如去买几条金鱼养着玩呢！律师是多么有前途的职业，但他非要拧着性子去当什么作家！"

皮埃尔越说越生气："我早就想要断了他的生活费，让他尝尝在

外面没钱的滋味，让他早日放弃写作回来接替事务所。"索菲不敢再争，她只有偷偷地给儿子再寄点钱去。但这也解决不了实际问题。

倘若他返回南特，日子就会好过多了！他父亲搞不明白，他为什么竟落到这种地步，居然去给人上补习课，因而极力劝说他回心转意，在司法方面作出努力。

但凡尔纳还是执著于自己的理想，他给父亲的回信中诚恳地向他解释：

我去上补习课没别的目的，只是想尽量减少父亲给我的津贴。我实在难以自给，你们同样难以维持我的生活……至于律师的工作，请你想想你自己说过的话吧：不能同时追逐两只兔子，一心可不能二用啊！

你们弄错了我这样做的动机：首先是文学，因为我只能在这方面取得成功，因为我的思绪始终不变地集中在这一点上！我或者搞两年法律，或者干脆不干，倘若同时从事两种职业，其中一种必然扼杀另一种，而律师职业将使我没多大长寿的希望。

1851 年 9 月 21 日，抒情剧院的经理爱德华·韦塞斯特重开民族歌剧院，并更名为巴黎歌剧院，他需要一名助手帮他做开张准备。大仲马了解凡尔纳的困难，因而把他推荐给了韦塞斯特。

韦赛斯特从塔勒克西沙龙朋友们的赞誉中，早就了解了凡尔纳的音乐才华，于是凡尔纳成了韦塞斯特的秘书。很快地，韦塞斯特也很赏识他那严肃认真的品格和他对艺术的兴趣。

凡尔纳终于有了一份职业！虽地位不高，但毕竟相对稳定，而且他每月至少可得到 100 法郎的收入！

但凡尔纳对这 100 法郎的薪金并不在意，他只满足于义务地履行自己的职务。

他的父母对此深感惊奇。而凡尔纳对此解释说：

> 我亲爱的爸爸，我向你保证，我所希望的只有一件事，那就是为我的缪斯效劳，而且越快越好，因为我无以偿还养育我的费用；不管你对此有何想法，不管你对此做出什么样痛苦的抱怨，我向你保证，所有这些都不再是真实的。我急于开始我的秘书和领薪生活，我从前多么傻，真想不到靠领取薪金……
>
> 我加入了剧作家协会，该协会不允许经理在自己的舞台上演出他或他的职员编写的剧本；因此，我写的一个歌剧之所以被我所在的剧院采纳，那是因为我只是以业余爱好者的身份参加该剧院的工作；而一旦我以业余爱好者的身份参加该剧院的工作，我便领不到薪金。
>
> 互相帮忙嘛！经理需要我，我需要他；我给他付出我的一部分时间，他接受我的一个剧本。

凡尔纳为剧院经理秘书这个职业而欣喜不已，因为他觉得，他从此与戏剧事业有了更直接的联系，他能够与剧院经理相互帮助。

但是，凡尔纳仍然没有从经济困顿中解脱出来，依靠那点微薄的收入，他坚持狂热地写作，并创作出各式各样的剧本。但这些剧本绝大部分都没有被搬上舞台。

结识出版商舍瓦埃

　　1851 年，在凡尔纳最艰难的时候，他结识了出版商皮埃尔·弗朗萨·舍瓦埃。

　　舍瓦埃是巴黎《家庭博览》杂志的编辑，与凡尔纳是同乡，也是布列塔尼人，出生于潘贝夫，比凡尔纳弟兄早 15 年毕业于南特皇家中学，也是一位乡土观念较深的人。所以他们关系处得很好。

　　舍瓦埃请凡尔纳给他的杂志撰稿，但每次不超过 6 个版面。每年不得多于两篇。

　　这一年，在舍瓦埃的《家庭博览》杂志发表了儒勒·凡尔纳的两篇小说。

　　一是 4 月份的《墨西哥海军的首批舰艇》。

　　二是 5 月份的《乘气球旅行》。虽不是凡尔纳的处女作，却是第一次发表的作品。

　　《墨西哥海军的首批舰艇》情节十分离奇曲折，全篇中穿插了大量的地理、经济、植物以及航海方面的知识。

　　而《乘气球旅行》是一部幻想故事，虽然在当时的巴黎乘气球飞行早已司空见惯。但在一个正起飞的气球筐中发现一个疯子的故事，那倒是亘古奇观，没有一个作者敢于运用这种题材，不论是大家还是文坛新秀。

　　第二年，凡尔纳担任抒情剧院经理秘书期间，利用创作剧本之余，尝试新体裁小说的创作。

　　当年七八月份，在舍瓦埃的帮助下，《家庭博览》又发表了凡尔纳的中篇小说《马丁·帕兹》。

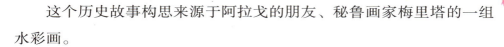

这个历史故事构思来源于阿拉戈的朋友、秘鲁画家梅里塔的一组水彩画。

凡尔纳曾在阿拉戈家中会见过这位秘鲁画家，听他讲述南美洲印第安人的悲欢离合的故事，混血儿的不幸遭遇。于是他便动手构思《马丁·帕兹》。

凡尔纳按图索骥，根据这位秘鲁画家一本水彩画集描写南美洲的自然景观和风土人情。

而且，这部历史小说也充分显示了这位年仅 24 岁的年轻人日渐纯熟的语言技巧和广博的历史、地理知识。

当时的评论家诺埃尔·马丁说："在景物描写方面，儒勒·凡尔纳像雨果一样充满了浪漫的幻想。故事中的各种场景是从他心底流淌出来的，所以读者能够身临其境地感受到这些场景。这是一种画家的观察本领，儒勒·凡尔纳的成功之处，就在于他能让读者看到他内心深处想表达的场景。"

凡尔纳把他的小说叫做"科学小说"，并把他的创作计划讲给大仲马听。后者说这是"漫无边际"的想法。

而当皮埃尔发觉儿子在中、短篇小说方面取得成功时，他对儿子的才华大加赞赏，甚至鼓励他去申请文学院奖金。

但是，凡尔纳在巴黎闯荡几年之后，对巴黎的文艺界却有了更透彻的认识，他拒绝了父亲的怂恿：

说到法兰西文学院的奖金，那实在太感谢了。要想获得这种奖金，就得像加入法兰西科学院的荒唐大合唱那样施展阴谋诡计。

往往是拿出来的东西不一定是最好的；最好的东西不一定非拿出来不可。因此，与其去施展阴谋诡计，倒不如做点更有益的事情。

不过，皮埃尔由于职业习惯和古板的思维方法，凡事总要循规蹈矩问个究竟，来信问他儿子，你到底属于古典主义还是属于浪漫主义？

凡尔纳给父亲的回信说：

> 至于说到流派，我只属于我自己的……我的选择是不可改变的。
>
> 您的见解像极地之源，而我今天滞留在远离北方的国度，更接近酷暑溽热的赤道。

人生总有很多的意外，这真是无心插柳柳成荫，本来他一直痴迷于戏剧，但却出乎意料地在小说领域取得了成功。但他仍然没有放弃戏剧，1852 年 8 月 21 日，他给父亲写信说：

> 我那部《列奥纳多·达·芬奇》占去我许多时间，这是按缪塞的风格创作的喜剧，我认为，我和米歇尔·卡雷一定会把它写完。

而在此期间，舍瓦埃给了凡尔纳很大的自由空间，允许他按自己的意愿创作自己喜欢的小说。

1854 年 4 月，应舍瓦埃之约，凡尔纳在《家庭博览》上发表了他另一部较长的中篇小说《扎夏里尤斯师傅》。

《扎夏里尤斯师傅》的故事讲的是钟表匠扎夏里尤斯心灵手巧，野心巨大。

他发明一种控制系统，能够揭开"灵魂与肉体结合的全部秘密"，并且这个系统征服和调整了时间，倒时 100 年，他将得以永生，长生不老。

这部怪诞小说，是凡尔纳整个文学创作过程中跨上了一个新的台阶的标志。

因为它基本可以划归科学幻想类作品，并且探索科学与哲学关系，恰如他在给他父亲信中说的那样：

必须看到，整篇东西均发端于某种哲学概念，而这种概念融合于故事情节的发展和结局中，这是作家的责任。

在生活中，没有一种事实，没有一起事件不产生某种道德见解。

其实，抒情剧院并不是理想的避风港，相反，经理秘书的日常工作繁杂又紧张，成了凡尔纳不堪胜任的沉重负担。

每天疲于应付，例如，有些剧作家非要把他的剧本在本院进行彩排，死磨硬赖，对此要表示同情又爱莫能助；对于脚本已获彩排权，但坚持不准修改的作者，则要据理力争，严词驳回，甚至不惜以停排予以警告；还有的演员不满意自己的角色，有的则自己锁定角色，对此要好言相劝，尽量安抚；此外还得修改其他作者的剧本。

事无巨细，由他一人承担。种种琐事，不只占去了整个日间，而且弄得他精疲力竭。此后，为了集中更多的时间，以便用更充沛的精力来从事小说创作，凡尔纳辞去了剧院秘书的职务。

由于写小说比写剧本实惠些，总算有点收入。有钱以后，凡尔纳首先想到改变居住的环境，于是在奴维尔大街18号一座旧楼五层租了一套房间。

仍在塞纳河左岸，距姑妈家的表兄安利·哈塞的皇家学校不远，离那个吉姆纳斯剧院只隔一条街，与抒情剧院相距两条街，距雨果的旧宅只有几步之遥。

阿拉戈的住所就在不远的吕马扎朗大街，巴黎证券交易所也在这附近。

不久，凡尔纳又写出一部新的小说《在冰川过冬》。小说充分再现了两年前，他在敦刻尔克逗留期间一些难忘的场景。

敦刻尔克是法国北部的一个大海港。那里常常是阴云密布，浊浪滔天，游客来到那里无不感到大为扫兴。

但北海的铅灰色天空，苍凉的大海，也许与凡尔纳当时孤独的心境相吻合，心中不由浮起一种凄怆的感情。这种单调的北方冰冷的大海，似乎使他更为动情。

凡尔纳《在冰川过冬》这篇小说中，描写一对恋人约定出海之后就结婚。

青年船长路易率船出海，由于救助另一艘船，他落水失踪。他的未婚妻，美丽的玛丽勇敢地出海寻找未婚夫。受阻后被迫在冰川上过冬，经过种种周折，终于找到了她的未婚夫路易。

最后有情人终成眷属，而那个垂涎玛丽并企图造反的大副，最后落水身亡。整部小说中，展现了凡尔纳对北冰洋和神秘冰川的想象。

凡尔纳在这段时间获得了成功，也看到了希望，这必须感谢他的老乡——出版商舍瓦埃。

凡尔纳对舍瓦埃说："你是我最好的朋友和合作伙伴，这些作品的出版都是你的功劳，非常感谢！"

而舍瓦埃却说："不！是因为你的作品太优秀了，看到它们一直躲在你抽屉里，我觉得太残忍了。"

结婚成家

直至生命的最后一息，我始终站在受压迫人民的一边；每一个受压迫者，过去、现在和将来都是我的亲兄弟！

——凡尔纳

渴望结婚成家

儒勒·凡尔纳是一位感情丰富、情窦早开的青年。

在《家庭博览》的编辑舍瓦埃将凡尔纳推向文学的成功之路时，这本来应该是他最幸福快乐的时候。

但是凡尔纳心中却充满了忧伤。因为，原来的"十一条光棍"俱乐部里的朋友们在这4年中都先后成家了，只有他还是孤身一人。

凡尔纳对表姐卡罗利娜的初恋一往情深，在他的内心深处留下后半生也无法抚慰的痛苦伤痕。

一想到结婚，与卡罗利娜结合这样一种梦境便出现在他的脑际。他仍然为自己被迫放弃这种爱情而感到懊恼。

1853年11月5日凡尔纳给母亲的一封信中，他把自己的健康状况和文学活动告诉她以后，这样写道：

> 我很想知道她的近况和她心中的爱慕者。这个不幸的人儿，她竟然没看出，她拒绝的是一位多么出色的对象，而她要嫁给的却是像让·科米埃或别的任何一位那样的窝囊货。这毕竟是命中注定！

可见在卡罗利娜结婚后5年，凡尔纳仍然爱慕着她！自从卡罗利娜的态度使他变得心灰意懒之后，他对女性的三心二意一直存有疑心。为满足孩子的兴致，他父母打算举行一次舞会。

在谈到这次舞会的一封挺有意思的信的末尾，凡尔纳情不自禁地写了几行有点看破红尘味儿的诗句，其中最末两行无疑是对他的不幸遭遇所表露的心声：

在整个舞会中，我想念的只有她。
除我以外其他许多人也是这样！

凡尔纳为婚姻的事感到烦恼，他给妈妈去信说：

亲爱的妈妈，您应该帮我完成婚姻大事了。你给我找到什么女人，我就娶什么女人；我闭上眼睛、打开钱包娶她就是了。

凡尔纳打算返回南特一趟。为了不致使他的经理感到不快，1853年12月17日，他要求父亲给他发一封急信，要他赶回南特处理急事。1854年2月，这项计划实现了。

在南特，他遇到一位姑娘埃卢赛·大卫，他很想知道，她和她父亲到戏院来索取免费戏票的时候，是不是还有其他的用意："她是不是想来看看他未来的丈夫？"

因为凡尔纳在1850年一封致母亲的信中，列举了他意属的佳人，尚有劳伦斯·尼内特、路易丝、埃卢塞、帕平、泰里埃、迪维格等人的芳名。这位大卫姑娘也在其中。

凡尔纳自作多情地想："按照常理，她一定会喜欢我的，我虽然外表算不上英俊，但我很有才华啊！"

但是，爱情又一次从凡尔纳身边溜走了。1854年，埃卢赛·大卫在南特嫁给了一个商人。

要想消除对一位女人的爱恋，听说唯一的办法就是爱上另一位。

父母觉得，凡尔纳在婚恋上屡遭挫折，心灰意懒，二位老人暗自焦虑，准备举行一次舞会，以振奋他的情绪。

1954年元旦，在南特让·维埃·德·拉·英特家的一次化装舞会上，凡尔纳编了一个节目，他与朋友们一起参加了这次演出。

当时，凡尔纳穿着一件已故外祖父的古怪服装，尤为引人注目。在华尔兹舞和四人舞的场次中间，他极力去寻找一位可人的姑娘。

当时，一个名叫洛朗斯·让玛尔的姑娘打扮成茨冈女郎，在他眼里显得特别优雅。

她那双乌黑的非常漂亮的眼睛弥补了她那些心地善良的女友认为她有点过分的清秀。他决定向她求爱。

当他听见洛朗斯对她的一位女友尼内特·谢吉约姆悄声说，她的紧身胸衣的一条鲸须擦伤她的肋部时，他竟冒冒失失地开了一个玩笑。在巴黎，这种玩笑也许被当做对女人的一种无害的恭维。

"哦！"他欠着身子说，"可我却无法在这些海岸捕到鲸鱼！"

原来，法语中"肋部"一词，也可以当做"海岸"讲。当然，洛朗斯听到后随即发出一阵哈哈大笑；但这句话在人群当中传来传去，最后竟传到了让玛尔父亲的耳朵里。他对此感到非常气愤。

当皮埃尔按他儿子的要求去找这位南特的资产者向他女儿求婚时，他遭到了拒绝。

这位资产者认为，一个在巴黎歌剧院当秘书的求婚者，其地位是不稳固的，况且，一个对他女儿的胸衣出口不逊的爱开玩笑的人，不可能成为合适的女婿。

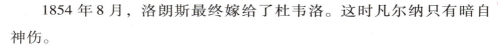

1854 年 8 月，洛朗斯最终嫁给了杜韦洛。这时凡尔纳只有暗自神伤。

凡尔纳返回巴黎后，心怀恼恨地重新埋头工作。当然，他的这种恼恨不是针对洛朗斯，而是针对顽固地不严肃看待他的这个南特阶层的。

他的神经变得越来越紧张，甚至引起了忧郁症、失眠症，他变得脾气暴躁，耳鸣、胃痛，而且常常发烧。后来，左眼和嘴都受到了面部麻痹的影响。

何况这个人人自危、世态炎凉、人性冷漠的社会更使凡尔纳心灰意懒。

心中烦闷无处倾诉，病痛无人理睬，渴了无人递杯水，饿了啃口面包。

凡尔纳多年来期盼有个伴侣，此时更加急切。他说："两个人在一起，贫困无疑更易于忍受。"

挫折使弱者从此一蹶不振，但挫折将使强者更加坚强。凡尔纳虽然在精神上苦闷、孤独、寂寞；然而，正是在这种孤寂中，凡尔纳笔耕不辍，送走了一个个黑夜，迎来了一个个黎明。

他终于振作起来，他到了莫尔塔尼旅行，在给母亲的信中说：

我的健康完全恢复了。亲爱的母亲，这是我成亲的真正时刻，因此，我答应动身做这次旅行。

请你准备一切必要的用品，好把我打扮成一个很有男子气魄的小伙子，喂得饱饱的，烧得恰到火候。一句话，把正待成亲的儿子整置成一件商品，把我交给一位很有教养、非常富有的姑娘手里。

如有这种必要，我将到莫尔塔尼过日子，对旺代的这座城镇，我平生从未产生过那么多梦想，我仿佛觉得它充满各

种瑰丽的色彩。我望见我的田产在天底下无边无际地伸展着。

　　我的岳父是个上了年纪的老人，对世间的事情怀有相当愚蠢的观点，但他毕竟是个正直人，腹部恰如其分增长了一层厚厚的脂肪，在上面拍打几下，他是不会有什么感觉的。

　　我的岳母制罐头、烹母鸡、做果酱，整天忙着一个农村家庭的各种事务，从而使她养成意识狭窄的性格。

　　至于他们的女儿，她不好也不坏，不愚蠢也不精明，不逗人喜爱也不讨人厌恶，她定期地每9个月给我生一个子女。

这难道不就是对未来的美好憧憬吗？

步入婚姻殿堂

1856 年 5 月 8 日，凡尔纳乘坐火车到亚眠。在那里，他的朋友勒拉尔热即将跟埃梅·德·维亚纳小姐结婚，约他去做伴郎。

凡尔纳原来只打算在那里住上两天，就赶回巴黎。但是都过去一周时间了，他还没有返回的打算。原来，他再一次陷入了情网之中。

德·维亚纳的一家非常淳朴，而且热情好客。他很快便与他们一起分享这种从根本上说合乎他幽默性格的愉快情绪。

而且他妙语连珠，受到大家的欢迎。德·维亚纳一家把事情全都办得妥妥帖帖，宴会上具有感染力的热烈气氛更增添了亲切感。

凡尔纳像一个长年游荡在荒原上飘零的人，突然闯入一个温馨、暖和、亲切的人家，被热情的主人的丰盛晚餐陶醉了，再也不想走进那茫茫的荒野中，感受孤独和风吹雨淋之苦。

正是在这场婚宴中，已被遗忘的那个曾让凡尔纳魂牵梦萦的身影出现了！

俊俏，甚至可以说非常俊俏，标致，笑口盈盈。她是一个年轻漂亮的寡妇，是维亚纳的姐姐，名叫奥诺丽娜，当时叫莫雷尔太太，丈夫去年刚刚去世。

凡尔纳甚至怀疑：卡罗利娜莫非改了名字？她现在的名字叫奥诺丽娜！寡妇，糟糕！她有两个孩子，我真没运气！

但她是一个十分讨人喜欢的女人，浑身散发着魅力。父亲是一个老年退休军人。

奥诺丽娜与卡罗利娜一样妩媚动人，但却没有表姐那样轻佻，她身材高大，仪态端庄，穿戴朴素。

奥诺丽娜深深地吸引着凡尔纳，如同卡罗利娜吸引过他那样，而且是出于他自己并不承认的相同的理由。

两位女人的性格互相吻合，这怎能不引起注意呢？卡罗利娜长相漂亮，奥诺丽娜长相一样漂亮；卡罗利娜笑声爽朗，奥诺丽娜同样笑声爽朗。

几天后，奥诺丽娜也对这位腼腆的年轻人产生了好感，他们于是确定了恋爱关系。

凡尔纳在给母亲的信中说道：

> 奥古斯特加入进来的德维亚纳一家是个讨人喜欢的家庭。这个家有一位非常和蔼可亲的年轻寡妇，她是看来非常幸福的新娘子的姐姐；还有一位与我同龄的年轻人，他是亚眠的证券经纪人，赚钱很多，是生活在人世间的最为可爱的小伙子。
>
> 父亲是个退伍老军人，比起那些退出行伍的军人一般所遭遇的景况要好得多；母亲是个很有头脑的女人。

索菲大概会觉得纳闷：她不习惯听见别人向她逐个赞扬一家子！儿子的信中其实已经透露出某种信息。

之后，凡尔纳必须认真考虑该怎么养活他即将组成的家庭了。凭他写小说，连他自己一个人也养活不成，那将如何供养一个家庭？于是，在返回巴黎的途中，他给父亲写了一封信：

> 我已经从亚眠回来了……奥古斯特的婚事和他加入的这个新家庭引起了我的强烈兴趣。在德维亚纳的这个家里，有一位年龄跟我相仿的哥哥，他是人世间最可爱的小伙子，他跟他的一位朋友合股做证券持票人与巴黎的证券经纪人之间

的掮客。此外，他和他的合股人在巴黎的一间证券经纪人代办所存放了 10 万法郎……这对于一个青年人来说，无疑是一种优越的地位。

况且，这种地位不会出现任何风险。他在亚眠所做的事，在巴黎一个稍微没那么大的范围内更加容易做到……德维亚纳先生在这个金融和经纪界中颇有名望；他很容易使他的一位朋友加入巴黎的一个大代办所，甚至只需付出一笔很少的款项。

因此，我亲爱的父亲，我想知道一下，必要时，你是否愿意让我加入跟诉讼代理或公证事务所一样正式的经纪代办所？我需要改变我的处境，目前这种不稳定的状况不能持续下去，当前物价上涨，我每月的生活费用还缺了一半，要是我一年挣不到钱，我便相当狼狈。

皮埃尔又惊讶又伤心，他的长子曾经为从事文学而放弃法律，现在却又要从商，而且，还是要到证券交易所去进行冒险的投资买卖。金融界比文学界更为可怕，尤其对他这样一个没有多少生意经、缺乏做生意禀赋的人更是如此！

在皮埃尔经过凡尔纳竭尽全力为自己的生活道路进行辩解之后，皮埃尔作为南特律师公会会长、最有威望的律师，向来以谨慎、严正著称，但在儿子的婚姻和进证券交易所之事，只好让步，同意给儿子提供了一笔钱。为此，凡尔纳对父亲解释说：

我这样压根儿没泄气不干之意。远非如此，更谈不上要放弃文学，这是我与之合而为一的一种艺术，我决不会放弃它。

我下了决心，再不去搞滑稽歌舞剧或别的什么小剧，我

的雄心壮志是要搞一出重要的、因而需要多年雕琢的喜剧。但我需要一种地位，一种即使对不承认文学界文士的人也能接受的地位。

而且，他尤其在最后说明了这样做的最主要的原因：

这是我结婚的第一次机会，我无论如何也得抓住它。我再也不能忍受光棍生活，这种生活对我是个负担。我和我的朋友们都是这样想的，你也许会觉得古怪，但我需要幸福，恰如其分的幸福。

我厌倦了孤独的生活，这一切只不过说明，主要是我已经到了需要温柔伴侣和牢固结合的婚姻的年龄了。目前，我内心极端空虚。

皮埃尔和索菲如果被这些理由完全说服，一定会同意他们的儿子娶那位年轻寡妇的。索菲极力为儿子辩护，因为很久以来，她便千方百计地要让他成亲。其他人也站在凡尔纳一边。皮埃尔被围困了，他只能顺从儿子了。

凡尔纳收到父亲寄来的钱以后，开始跟一个名叫吉普恩的证券经济人当学徒，以便学习经营入股。

随后不久，他就开始与奥诺丽娜商量结婚。

他们尽量把婚礼办得简单。凡尔纳对奥诺丽娜抱歉地说："亲爱的，现在我们手头不太宽裕，让你受委屈了。但是，等我跟吉普恩的学徒期一满，我就会谋得一个很好的位置，我们会过上好日子的。"

奥诺丽娜微笑着说："儒勒，我只渴望纯真的爱情，而且结婚仪式从简也是我的意思。我不喜欢费心去招待太多的客人。"

凡尔纳感激地吻了一下奥诺丽娜："亲爱的，你才是我真正找寻的幸福。"

凡尔纳只给奥诺丽娜买了一条漂亮的丝带，他说："这条丝带可以联结两个人的心。"

但凡尔纳的父母觉得这样做有悖于他们的资产阶级身份，于是很不高兴。

婚礼日期定在1857年1月10日，公证仪式在第三区区政府举行，宗教仪式在圣欧仁教堂举行。婚礼十分简单，人数有限，只有儒勒的双亲和妹妹一家，外人只有哈塞和英亚。

事后，凡尔纳在一间二等餐馆举行"贝朗瑞式"的婚宴，他歉疚地对朋友们解释说："这样，我们就不会为招待客人操心了，每当想到要邀请朋友参加婚礼，就会让我心里害怕！愿上帝原谅我，我只是不想声张。事情就这样完成最好。"

凡尔纳邀请的几位朋友很快地便给这次婚宴带来兴高采烈的气氛。新郎的激情和新娘清脆的笑声又使婚宴增添了活跃的色彩。

皮埃尔恢复了信心，在大家提议干杯的时候，他高兴地朗诵了他预先准备的一首诗，从而将这件喜庆事儿联系在家庭婚礼的链条上。这首短诗是这样结束的：

> 来吧！我的第四个女儿，
> 尽管我家人口众多，
> 但终究有您的位置。
> 哦！这个位置相当狭窄，
> 可您不要将它厌弃，
> 互相挨挤，更显得亲密。

宴会在和谐的气氛中结束了。

这一刻，凡尔纳觉得自己是这个世界上最幸福的人。

享受婚后惬意生活

　　凡尔纳与奥诺丽娜结婚后，奥诺丽娜的两个小女儿怎么办呢？毫无准备地把这两个习惯于亚眠的恬静生活的孩子带到巴黎的闹市中来，显然是不合适的。德维亚纳和莫雷尔两位老太太很可能喜欢她俩，而奥诺丽娜也觉得不该干扰她的蜜月。于是，奥诺丽娜将两个女儿寄放在娘家，新婚夫妇在巴黎度蜜月。

　　这对年轻夫妇先是在普瓦松尼尔林荫大道 18 号凡尔纳房里安顿下来，过了几天，又搬到圣马丁街。这个蜜月实在有些例外。但奥诺丽娜却不在乎。

　　一周之后，凡尔纳把宫廷摄影师拍出来的结婚照寄回了南特。

　　一天晚上，凡尔纳微笑着对妻子说："亲爱的，明天我想带你去一个好地方。"

　　奥诺丽娜睁大了眼睛："什么地方？那儿很美吗？"

　　"那是自然。"

　　"那你快告诉我是哪儿？我有些等不及了。"

　　凡尔纳故弄玄虚对她眨了眨眼睛："不行！必须等明天。现在，希望我的奥诺丽娜能做个好梦。晚安。"

　　一大早，奥诺丽娜就把凡尔纳叫醒了，她真是等不及了。

　　两人吃过早饭，就立刻动身了。

　　凡尔纳带奥诺丽娜来到一座雄伟的建筑前。

　　奥诺丽娜不解地问："这是哪儿？"

　　"这就是巴黎赫赫有名的卢浮宫，它曾经是法国国王居住的地方，现在是一座博物馆。"

"我们的蜜月也包括来参观这里吗?"

"当然,必不可少。"

奥诺丽娜有些失望: "虽然看上去很宏伟,但看不出有多漂亮啊!"

凡尔纳赶紧说:"亲爱的别不高兴,等进去你就知道了。"

他们走进卢浮宫内。

里面真是大极了,他们走到二楼雕像展览室右侧,凡尔纳停住了脚步,他指着一个断了胳膊的雕像问妻子:"这个塑像漂亮吗?"

奥诺丽娜眼睛一下亮了,她差点儿喊起来:"上帝,她真是美极了,她叫什么名字?"

凡尔纳庄重地说:"她叫维纳斯。1820 年被发现于米洛岛。亲爱的,我带你到这儿来,只是想告诉你,在这个世界上,她是唯一让你嫉妒的女人。"

奥诺丽娜被这句话感动得眼里霎时盈满了热泪。

蜜月之后,凡尔纳恢复了他的老习惯,不仅仍住在五层楼上,连家具摆设仍保持原貌,充满书卷气氛。虽然之后,他们曾搬了很多地方,但是无论在哪儿,他们住的地方总是感到拥挤,因为到处都塞满了书籍和手稿。

凡尔纳依靠父亲的资助,并凭借岳父的关系,以证券经济人埃格利的股东身份进入了巴黎交易所,开始了"金融家"的事业。但其实他的心思很难投入进去。

凡尔纳黎明初起便开始工作，一年四季，无冬无夏，清晨 5 时准时起床。此时，凡尔纳是作家，进入他那个终生写不完的"科学小说"世界，任意驰骋、漫游、幻想。任何人不得干扰，任何事他都不管，真是"油瓶倒了也不扶"。

早 9 时，奥诺丽娜准备好早点，合家共进早餐。饭后到了 10 时，凡尔纳摇身一变，进入了"金融家"的角色。如此周而复始。

如果说，当初凡尔纳进证券交易所，是为了获得一种安身立命的地位，或者说是一种谋生手段，那么当他身临其境在证券交易所工作之后，他才发现，证券所就像一个俱乐部。

金融家和文学家之间其实关系十分密切。经纪人和小说家之间也可以结盟，戏剧家和掮客可以一身兼二用。他在交易所常常遇到许多文学界和戏剧界的朋友。

不过，凡尔纳在证券交易所的业务相当有限，因而收入低微，如果不是奥诺丽娜的哥哥鼎力相助和大力提携，恐怕凡尔纳一家的生计也难以维持。

凡尔纳进了证券交易所的第二个发现：金融是政治生活和经济活动的温度计和晴雨表。

身在交易所，作为经纪人，不管你的意愿如何，必须了解法国、全欧洲和整个世界的重大政治事件并预测其发展，把握全国和全世界的经济活动和它的走向，要求你放眼全球，君临整个世界，这与他和英亚在 120 个台阶的塞纳河左岸高地上俯瞰巴黎的情景相比，别有洞天。

在证券交易所里，凡尔纳学到了不少他过去无法也无处学到的东西，及时了解法国乃至全世界政治、经济动态和大事件，使他的视野从他的斗室、剧院和塞纳河左岸，一下子飞跃到全国和整个世界。

凡尔纳几乎是定居在塞纳河的右岸，他非常怀念当年住在左岸和抒情剧院的日子。生活本身趣事多，在紧张忙碌中总会有忙里偷闲的机会，那些"十一条光棍"俱乐部的成员已经早都结婚了，但他们仍然保持着每周聚餐一次的习惯。

而这时，独自被冷落在家里的奥诺丽娜就会很生气。后来，凡尔纳想出一个办法，让俱乐部成员带着家属一起进行野餐，这样才使奥诺丽娜不再心生怨气。

在这期间，奥诺丽娜施展了她那家庭主妇的本领：她是一位精巧的厨师，善于激发她的宾客们的强烈食欲。不过，凡尔纳可不是一位美食家！他无法评价烹调手艺，而且以一种引起她愤慨的冷漠态度，别人给他碟子里装什么，他就吃什么！

生活过得还算顺当，但是，凡尔纳感到，不能总是这样平淡地生活下去了，必须坚持自己的文学理想，勇往直前。

终于实现航行梦想

1859 年 7 月，在交易所一次庆贺股票升值的宴会上，阿里斯吉德·英亚提议凡尔纳做一次海上旅行，并给了凡尔纳两张轮船优待票，说他哥哥阿尔弗莱德是圣纳塞尔航运公司代理商，给他们一次去苏格兰旅行的机会。

凡尔纳立刻抓住了这个机会，在 7 月 15 日致家信中说："一周后我回南特。我对此次旅行兴头十足。我独自去，奥诺丽娜去亚眠。"

大约 7 月底，他们从圣纳塞尔起程，驶向英格兰。这是凡尔纳 20 多年来第一次真正的海上旅行。

在圣纳塞尔港，凡尔纳不由得回想起 12 岁那一次不成功的印度旅行，正是在圣纳塞尔被他父亲捉回，还能体验到那种懊恼的感觉么？一种自嘲的微笑悄然爬上他的嘴角。凡尔纳的心也像长出了翅膀飞了起来。他终于实现了多年的梦想。

他们从波尔多航行到达利物浦，下榻阿德尔菲旅馆。夏天的比斯

开湾，比起深秋季节站在苍凉的北海边，敦刻尔克的铅灰色海水和灰蒙蒙的天空，又是一番景象，波涛汹涌，白浪涛天，海鸥三三两两逐船飞，太阳光芒在浪花间熠熠泛金。

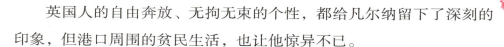

英国人的自由奔放、无拘无束的个性，都给凡尔纳留下了深刻的印象，但港口周围的贫民生活，也让他惊异不已。

蓝天共碧海一色，晚霞与海鸥齐飞的自然景观，固然让凡尔纳心旷神怡，不过此时他的兴趣是手持笔记本，向水手、轮机长、大副请教航海、海上事故和海难的情况，了解他们的种种海上奇遇。

然后，他们乘上了北去的火车，到苏格兰旅行，凡尔纳对这次旅程兴奋不已，他对朋友说："英国的田野和农庄，显现出一种特别强烈的鲜绿色，当你面对这些田野和农庄的时候，心灵都似乎会被它们染绿了。"

苏格兰是儒勒·凡尔纳的祖先生活过的故乡，他可以在这里寻根，苏格兰到处弥漫着历史气息。

而且它又是苏格兰诗人、历史小说家司各特的故里，司各特的小说曾使少年凡尔纳入迷，也可以在这里探古寻幽。

当他们到达苏格兰首府爱丁堡时，正赶上一场倾盆大雨。最困扰他们的还是语言不通，因为他们根本不懂英语，连吃一顿早餐都要费尽口舌，他们不得不请一位天主教牧师做向导。

之后，他们赶往贝洛港的海滨浴场。好多人都举家整个白天在海滩上消磨时光。令他们吃惊的是，男人们竟然就在离妇女和年轻姑娘几十米的地方游泳。

他们努力说服浴场的老板为他们提供游泳裤，但他们发现人们都像看怪物一样盯着他们，只好放弃了穿游泳裤。同时，面前正好走过一个英国男人，他全身一丝不挂。

于是，两个朋友不再犹豫，和当地人一样光着身子冲入大海。出水时，当他们硬着头皮倒退着向更衣亭走时，听到了远处姑娘们的开怀大笑声。

凡尔纳此行对工业城市的哥拉斯堡工业区、特别是煤矿格外关注。8月31日那天，他们还看见了北极光。

他们游览了苏格兰西面的赫布里底群岛，在慕尔岛上的芬格尔大岩洞中，凡尔纳简直看呆了，他久久不忍离去。

这个神秘莫测的溶洞，对于凡尔纳的幻想的发展，有着重要影响。在他的后来的作品《地心游记》、《神秘岛》、《黑印度》中，屡屡出现海底洞穴的描写。

轮船过利物浦，在伦敦停泊数日，凡尔纳在泰晤士造船厂和正在建造的"大东方号"船体边，流连忘返。

这次旅行的确非常丰富，凡尔纳带回了大量的完整的笔记。并依此创作了《英格兰和苏格兰游记》。

两年后，那个轮船公司代理又给他俩提供一次免费出海旅行的机会，前往挪威、瑞典，为期10周，回航过丹麦。斯堪的纳维亚是凡尔纳向往已久的去处。尽管奥诺丽娜分娩在即，他还是起程北航去了。

1861年6月15日，船从圣纳塞尔起航，通过英吉利海峡，进入北海。

北海汹涌澎湃，奔腾咆哮。挪威沿岸被大海千年冲刷深深切入内陆的海湾高耸峭拔，犬牙交错。岩崖光滑的小岛星罗棋布，孤悬海外。

但是，这次旅行没有坚持到底。船到哥本哈根，凡尔纳就匆匆返回巴黎。8月3日，凡尔纳回到了巴黎。他回来得正是时候，就在这一天，他的儿子出生了。

这位远行归来的父亲，为凡尔纳家族的继承人取了一个很有意义的名字：米歇尔。

创作《气球上的五个星期》

儿子的出生，着实让凡尔纳与整个家族兴奋了一段时间，但这期间，他又陷入了无尽的烦恼之中。

首先，他必须考虑经济问题，他明显感觉到负担加重了。作为一家一主，他不得不担负起养活妻子和儿子的责任。但他却还想摆脱家庭事务的束缚，挤出时间来进行创作。

同时，米歇尔是个桀骜不驯的小家伙，脾气暴躁，动辄大哭大叫，弄得凡尔纳六神无主，火气冲天，无法从事写作。

奥诺丽娜是一位温柔贤惠的妻子，她尽最大努力照顾好儿子和丈夫。但却越来越感觉力不从心。

米歇尔一周岁的时候，奥诺丽娜为了庆祝一下，做了一顿非常丰盛的家宴，想让全家好好品尝一下。

因为此前凡尔纳从未赞扬过奥诺丽娜的厨艺，这次，她要好好表现一下。

她对凡尔纳说："这个牛排是特意按你的口味做的，你尝尝好不好吃？"

而凡尔纳却连头都没抬一下，只是不置可否地"嗯"了一声。奥诺丽娜的自尊心受到了极大的伤害。

第二天，为了报复凡尔纳，奥诺丽娜故意在汤里放了好多盐，而且还加了胡椒粉。

奥诺丽娜把汤端到凡尔纳面前说："尝尝好喝吗？"

但凡尔纳喝完汤之后，又只是"嗯"了一声，然后吃了一小片面包就算了。

奥诺丽娜伤心地对凡尔纳说："难道你说句话都这么难吗？你是金口玉言啊！"

凡尔纳只是冷冷地盯了妻子一眼，就默默地离席而去。

奥诺丽娜心中充满了委屈，周末的晚上，她写信给亚眠的姑妈说：

> 我跟他的生活让我越来越难以忍受。除了那根本不算什么的一句话，我想不出还有什么值得他生气。
>
> 我对他说晚饭已经好了，但他偏要出去，到小餐馆去吃晚饭。
>
> 我告诉他米歇尔得了支气管炎，他却一下把笔摔到壁板上，嫌我把他的思路打断了，还抱怨这种环境让他什么东西也写不出来了。
>
> 他晚上不容易睡着，独自说一些莫名其妙的话。我现在怀疑，我是不是嫁给了一个神经病？

而姑妈的回信却更让奥诺丽娜心烦意乱了：

> 看来，凡尔纳的家族存在一种严重的疾病。孩子，你还是回亚眠来吧！最好让凡尔纳去看医生。

凡尔纳越是热情地致力于一部需要无比专心和大量研究才能完成的作品，他越发感到吵闹声难以忍受。

凡尔纳要写的是《气球上的五个星期》，因而奥诺丽娜常常抱怨他"整天躲在他的气球里"。

她说："亲爱的，你这样做不合情理。你作为丈夫和父亲，应该为这个家付出一点责任吧！而且你还荒废了交易所的生意，整天就埋

头写呀写呀，我真为你可惜！"

凡尔纳这次只说了一句："是你和米歇尔分散了我的精力！"

奥诺丽娜生气地说："我正想对你说，我想回亚眠住一段时间。这两天就动身。"

凡尔纳冷冷地盯着妻子说道："那好啊！你想去哪儿就去哪儿，随你的便吧！"

但第二天凡尔纳的态度就变了，他温柔地恳求道："亲爱的，请你原谅，都是我的错，让你伤心了，但我求你，还是别走了。我没有别的意思，只是不会处理家庭中的事务。"

虽然奥诺丽娜最终没有回娘家，但他们分居了。

凡尔纳之所以会变化如此之大，由于他对文学上倾注了全部的感情，他真正的快乐只会来自于文学上的成功。

但直到当时凡尔纳仍然没有感受到，因此，他心中的一股无名火就转移到了妻子和孩子身上。

最后，凡尔纳只好躲进了他几年前加入的"新闻俱乐部"。这家俱乐部是作家集会场所，并提供膳食。

凡尔纳在这里结识了不少朋友，其中就有费利克斯·杜南逊，即纳德。

还有一位是凡尔纳的老乡，布列塔尼人阿尔弗莱德·戴布雷，是印度通，一说起印度，就眉飞色舞。

一天，凡尔纳对奥诺丽娜说，他终于完成了他的《气球上的五个星期》。奥诺丽娜长长地松了一口气，情不自禁地嚷道："他终于放掉了他的气球！"

奥诺丽娜是否以同样的热情分享这位作家正在产生的希望。

"这个气球的故事"刚结束，奥诺丽娜便以为自己摆脱了这些碍手碍脚的废纸。

她甚至这样想，她很快就要重新得到她的丈夫了。

当她再次看到摊在桌面上的手稿和埋头修改原稿的凡尔纳时，她大概感到非常失望。

《气球上的五个星期》一举成功，成功的原因在于，首先，它宣告了一种新的文学体裁的诞生。一种把科学现实和科学幻想有机结合在一起的新的文学流派即科学浪漫主义已经面世。

其次，作者紧紧抓住 19 世纪 60 年代法国的两个热门话题，并把二者熔于一炉。

再次，作者在书中塑造了一位无私地为科学献身的新典型形象。

"科学浪漫主义派"或"现实主义幻想派"是凡尔纳的独创。

虽然在他以前的作家的作品中业已存在，但他的以《气球上的五个星期》为起点一系列小说，在浪漫主义和现代科学、气球和飞机乃至宇航时代之间驾设一座金桥。从而促进了 20 世纪的一个主要文学体裁科学幻想小说地位的确定和发展。

十年辉煌

我需要工作，工作就是我的生命的全部意义。当我不能工作的时候，就形同行尸走肉，也就失去了生存的价值。

—— 凡尔纳

与赫泽尔结下一世情

1862 年夏，凡尔纳带着他的《气球上的五个星期》手稿去《两个世界评论》杂志编辑部，找到该杂志老板弗朗索瓦·比洛茨。比洛茨对这个故事很感兴趣，准备把稿子接下来，发表在他的杂志上。

凡尔纳想首先确定一件事情："先生，你准备付给我多少稿费？"

比洛茨表示不付稿酬，并说："你是无名小辈，接受你的稿子出于照顾。你的稿子能在本刊发表，已是一种荣耀，还要稿酬？"

凡尔纳马上说："对不起，先生，我的经济条件不允许我接受您的这份荣耀！"

到了这年秋天，凡尔纳把手稿拿给大仲马看。大仲马读后留下了很深很好的印象，他鼓励凡尔纳坚持按自己的道路走下去。开创一条探险、科学小说相结合的新体裁。

大仲马还热心地推荐凡尔纳去结识小说家布雷哈特。后来，布雷哈特又把凡尔纳介绍给了出版商皮埃尔·儒勒·赫泽尔，一个与儒勒·凡尔纳同名的传奇式人物。

儒勒·赫泽尔生于 1814 年 6 月 15 日。他父亲是家系悠久的阿尔萨斯人，曾在执矛骑兵一团当鞍具制造匠；在夏尔特尔驻营时，他娶了一位当地女人。他的儿子也是在此地出生的，因此集合了阿尔萨斯人的热情和博斯人的沉着。

赫泽尔自幼天资聪颖，11 岁便寄居巴黎，在斯塔尼斯拉斯中学就读，并成为该校的一名优秀生。为了不增加父母的负担，他 21 岁便辍学到巴黎塞纳街的保兰书店当职员。

他是书商同时又是出版商，而尤其是一位笔战者。他跟蒂埃尔和米涅一起创办了反对查理十世政权的报纸《国民报》；1843 年，他又创办了《画报》杂志。

保兰书店为年轻的赫泽尔提供了一个广阔的活动场所，使他能够充分发挥他的资质。保兰很快就发现，年轻的赫泽尔可以成为可贵的合作者。过了两年，他便把他变成自己的一位合股人。因赏识他的文学才华，把他介绍给《国民报》。该报连续发表了他的许多文章。与此同时，赫泽尔加入了共和党，成为该党一名特别活跃的分子。

1843 年，赫泽尔在获得一家宗教书店的一份资产的同时，又在塞纳街 33 号成功地创办了一家独特的出版社。他与巴尔扎克、缨塞、乔治·桑、雅南等人保持联系，并经常到阿尔塞纳尔图书馆，因此他本人也成了一位作家，笔名叫斯塔尔。

1848 年 2 月，大革命时期，临时共和国政府人员名单由赫泽尔和另一个人起草的；临时共和国成立时，赫泽尔任外交部办公室主任。

1848 年 12 月 10 日，拿破仑·波拿巴宣布就任共和国总统。从此以后，赫泽尔便脱离政界，但他并不拒绝托克维尔交给他的到德国执行搜集情报的任务。

这位出版商可以悉心经营他的出版社，为巴尔扎克、乔治·桑、拉马丁等人的最大利益服务了，同时可以继续当《国民报》的撰稿人。

1852 年 12 月 2 日，拿破仑政变时，赫泽尔险遭逮捕，于是亡命布鲁塞尔，与维克多·雨果，并与普鲁东、路易·布朗、莱克吕这些共和派中坚保持联系。

1859 年大赦时，赫泽尔返回巴黎，继续经营出版业，为他的好朋友普鲁东、拉马丁、巴尔扎克、雨果等人出版作品。

集革命家、文学家、出版商于一身的赫泽尔一向关心青年。他不

仅亲自执笔为青年人写作，而且鼓励作者要面向这批读者。

他出版过一套精美的当代最优秀作家的短篇小说丛书，当时正在筹办一份刊物《教育与娱乐》杂志，并向一批学者和文学家邀稿，但他总觉得这些文章有些夫子气，不适合青年读者的口味。

1862年深秋，儒勒·凡尔纳怀着激动不安的心情，腋下夹着手稿，轻轻敲开儒勒·赫泽尔的家门。

一位仆人开门迎客，彬彬有礼地请凡尔纳径直上二楼。这次历史性会见是在赫泽尔的办公室兼卧室内进行的。

赫泽尔由于社务繁忙，多在夜间工作，加上这段时间健康情况不佳，有睡早觉的习惯，有时就在这里处理日常事务和接待客人。

小儒勒时年34岁，大儒勒则满48岁。他们两人都不乏热情，而人生又使两人都学会沉着的美德。然而，两位儒勒相互觉得满意，他们在许多问题上具有一致的见解：这位大学生到达巴黎时，赫泽尔恰好进入临时政府；凡尔纳战战兢兢地欢迎共和国的成立，而赫泽尔却亲自协助这个共和国诞生。两人均属于革命党人，他们志同道合，有着同样的信仰。

凡尔纳看到，他房间墙上或地板上都挂着或铺着沉重的花毯，赫泽尔正在衬托着仙女和牧羊人华丽的古典布景中。

半倚在床上的赫泽尔伸过手来说："请坐。由于看稿，睡得很晚，恕我礼貌不周。"

凡尔纳赶紧说："不！是我给您添麻烦了。"

二人简单寒暄之后，儒勒·凡尔纳递过稿子，便默默不语。周围的气氛颇为单调而乏味。

当非常熟悉自己题材的凡尔纳介绍了他的创作提纲时，赫泽尔理解了这个提纲的全部意义，但作为出版商，赫泽尔却大吃一惊，因为他一直想实现他为青年人出版一份优秀杂志的雄心壮志。

几页手稿引起了他的注意，他立刻明白，这位年轻作者的创作意图并不是虚无缥缈的。

而且无论从哪个角度看，这部作品的写作功底都非常扎实。作为行家里手，他必然要对这位天才的小说家，非常值得关怀的文坛新秀，提出一些真正的发自内心的批评和建议。

赫泽尔说："凡尔纳先生，我需要点时间把稿子看完，你过半个月再来好吧？"

凡尔纳客气地说："可以，那我改天再来拜访。"

说完，他就离开了赫泽尔的房间。

半个月之后，凡尔纳又来到了赫泽尔家。

凡尔纳心里忐忑不安，他小心翼翼地问："赫泽尔先生，您对我有什么建议？"

刚开始，赫泽尔以出版商的口吻说："不好意思，凡尔纳先生，我看过您的作品了，非常有价值，但是我抱歉地说……"

凡尔纳心中一下充满了懊恼，他没等赫泽尔把话说完，就拿起了自己的手稿，站起身就想离开这里。

他刚转过身，赫泽尔在他身后说："请留步，凡尔纳先生，我的话还没说完呢！"

凡尔纳只好站住。

赫泽尔放缓了语气："我作为一个比你大几岁的人，首先提醒您，你的性子未免太急了。希望你能注意一下。"

凡尔纳听着这诚恳的话，慢慢低下了头。

赫泽尔接着说："我可以不恭维地说，您具有宽厚的知识，敏锐的观察力，丰富的想象力，出色地把现实与幻想结合起来的写作能力，善于引导读者一起进入您所特设的幻想境界。您具备一个大小说家的所有素质。只是作品中有几个地方需要改动一下，这样作品就会

更完美，肯定会大受欢迎。"

凡尔纳虚心聆听着。

"您可以压缩篇幅，增加某些感情色彩的描写，把它由故事变为小说。如果您能尽快把稿子修改好，到时候我愿意与您谈出版的事。"

凡尔纳一下心花怒放，他感激地说："您放心，我一定会认真修改的。"然后就辞别赫泽尔，迈着轻松的步伐离开了。

又过了半个月，凡尔纳再次带着修改完的手稿拜访赫泽尔。

《气球上的五个星期》描写的是英勇无畏、久经考验的探险家费尔久逊博士，在伦敦皇家地理学会的支持下，于 1862 年开始乘坐气球飞越非洲，以便将非洲的地图测绘完整。考虑到操纵气球是一件纯属空想的事，他想出了一种使气球自由升降而又用不着耗费半点气体的独特方式。他只要在一根蛇形管中加热外壳的氢气便能升高，而他只要停止加热便可以降低飞行高度。这样，他便可以寻找有利的气流。费尔久逊和他的同伴凯乃第、乔从桑给巴尔岛出发，经历各种各样的冒险之后，终于成功地到达塞内加尔。

赫泽尔翻阅手稿之后，又请凡尔纳谈谈他的写作计划。这时，无论从编辑还是出版家的角度看，赫泽尔都认为凡尔纳的功底扎实，视角独到，特别从自己新办杂志的角度看，更是人才难得。

他认为，凡尔纳可以成为他正在为青年人创办的那份杂志的理想的撰稿人。当时，在让·马塞的主持下，他组织了一个优秀的班子，但这套班子还缺少一位成员。他拥有一批学者和小说家，但他一直在寻找一位能增添生气的人，好让他在这些五花八门的专家中起一种联结作用，从而使他创办的《教育与娱乐》杂志更加名正言顺。

让·马塞虽然也写过一些十分吸引人的小说，但这些作品保留着一种说教的味儿，以致难于争取青年读者。

赫泽尔认为，凡尔纳正是他寻找已久的最合适的合作者。于是二人草签了一份合同，时间是 1862 年 10 月 23 日。

按合同规定，每年凡尔纳向埃歇尔提供 3 部书稿，每部 1925 法郎，即每月收入为 481 法郎。

虽然这份合同说不上最理想，但在凡尔纳看来，毕竟寻到了一个稳定的出版商。现在，凡尔纳可以告别交易所，靠写作来维持生计了。

决心离开证券交易所

尽管凡尔纳对交易所没有太多的留恋，但毕竟在那里待了几年，结识了一些要好的朋友。于是，在他告别的时候，他还是发表了一篇别开生面的演讲：

> 我的朋友们！今天本人向各位告别来了。我一生怀有一个理想。热拉丁说，每个男人每天至少要有一个理想，而我一生只有一个理想，那就是时来运转。
>
> 我写了一部只属我自己的新体裁小说。如果小说能取得成功，那就等于发现一座金矿。当各位低买进高抛出的时候，我将不停地写，拼命地写。我就要离开交易所了，愿各位财运亨通，我的朋友们！

赫泽尔果然是位有眼光、有魄力的出版商，在其他众多的出版商拒绝了凡尔纳之后，他敢于接受凡尔纳的手稿。他发现了凡尔纳这匹文坛"黑马"。于是他抓紧了时间，为这位新人的另类题材的小说的出版，花了很多心思。在总共不过两个月时间，连同审稿、修订、排版、印刷、装订一系列工序，一气呵成，而且装潢精美，还有80多页由画家粤里所做的插图。

1863年元旦，凡尔纳的成名之作《气球上的五个星期》，作为新年礼物，已经摆在巴黎和外省的书店柜台上了。

在19世纪的技术条件下，这也许是一种奇迹。

小说引发气球热潮

《气球上的五个星期》所取得的成功宣告了科学小说的诞生。这部作品也表明了凡尔纳是第一流的小说家。

一部以地理题材为个线的小说，其中又没有任何情感奇遇的穿插，这是很难引起读者的兴趣的。而这主要得益于凡尔纳高超的文学技巧，他善于创造气氛，在这种技巧的掩盖下，字里行间显示出相当惊人的资料性。

正是因为那种独到的、直接与读者接触的表现手法，能把读者的想象带入他所描写的环境中，才使读者朋友们读他的作品时如临其境，感同身受。

这部作品对尼罗河的源头作了精确的描述。尼罗河不仅是非洲最大的河流，也是世界古代文明发祥地之一，但是，尼罗河河源被蒙上一层神秘的面纱，成为千古之谜。

古希腊历史学家希罗多德认为，尼罗河发源于乍得湖某一个地方。

希罗多德之后 200 年，古希腊数学家、文学家、地理学家亚历山大厄拉托斯忒尼说，尼罗河河源在赤道附近的一个湖泊。又过 200 年，古希腊天文学家、地理学家、数学家、地图学家托勒密说，尼罗河来自西方的湖泊，在地下流淌 25 天以后到埃及境内才流出地面。中世纪征服了整个北非的阿拉伯人认为，尼罗河水天上来。

而斯佩克仅仅在 1862 年 7 月 28 日才到达河源，他返回喀土穆的消息也只是在 1863 年 4 月 30 日通过他由亚历山转来的一份急电才为人所知。由此可见，凡尔纳对新的科学具有极度的敏感性。

作品中还有另一处非常令人赞叹的精确描述：在维多利亚湖西岸居住的卡拉格瓦各部落的妇女是由于经常吃酸牛奶而长胖的。斯佩克注意到了这个细节，但只是在 1863 年才提到，这已经是那本书出版之后的事了。这说明，作者早已了解到这个事实，很可能是从比斯佩克早回来的他的一个合作者那里得知的。

关于飞行器的研究，法国当时走在世界前面，气球发明也首先发端于法国，蒙代菲尔兄弟的热气球和夏尔博士的氢气球的发明同在 1783 年。德·拉·朗德尔的《航空学》、空气静力学的先驱默斯尼埃的著作，都是凡尔纳写作的源泉。

凡尔纳运用当时的科学技术的新成就，使他的小说具有科学创见的氛围。与其说他在科学上有独到见解，不如说他能经常把他人的创见出色地融于幻想之中。

《气球上的五个星期》还有一个副标题——非洲探险。

19 世纪 60 年代，欧洲工业正处于蓬勃发展时期，资本主义大生产需要原料产地和产品市场，于是开展"发现非洲"活动。各种考察队、探险队鱼贯进入非洲腹地。

在 19 世纪上半叶，只有 21 个探险队，到下半叶就有 202 个探险队涌入非洲。这种"非洲淘金热"的探险队，鱼龙混杂，泥沙俱下，有殖民主义、传教士、商人、冒险家、形形色色野心家涌向这个大陆尚未被征服的干净土地。这中间，也不乏为科学献身的学者。

1849 年至 1854 年间，德国旅行家、探险家亨利·巴尔特博士从北方进入非洲，1852 年，英国旅行家、传教士大卫·李温顿博士从南部进入中非，与他会合。

1857 年，英国旅行家，中部非洲探险家约翰·斯皮克和英国探险家理查德·巴顿领导的伦敦地理学会探险队从东部进入中非。三个探险队的交叉点，可能就是尼罗河的神秘河源。

而这东、西两个探险队所达到的最远点有一个中非地带，是欧洲人从未涉足的、也完全不为人知的地方。然而，三个探险队无一能达到目的地。巴尔特博士的队员于途中相继丧生，博士本人幸免于难；李温顿博士被疟疾和败血病折磨得命在旦夕；巴顿和斯皮克几乎双目失明，也就是说，他们徒劳往返，一一失败了。

而《气球上的五个星期》中的主人公费尔久逊博士他们，却在几周内就完成了他的先行者们前赴后继，付出多少年劳动甚至生命代价无法实现的理想。他们于1862年4月18日从桑给巴尔出发，5月23日通过尼罗河源头，5月24日到达塞内加尔，整整35天。

这种幻想不是不着边际的幻想，而是现实主义幻想、有科学根据的幻想。因此，作品问世后，许多读者都以为书中所描述的是一次真实的探险活动。甚至有一位名叫费弗尔的读者，还写信向出版社索要这次探险非常有价值的资料。

虽然这部作品题材新颖，但取得这种成功的不仅仅在于作品本身，而且它得益于当时的情况，而它又是组成这些情况的其中一种因素。

当赫泽尔看过凡尔纳的作品之后，就把他的朋友纳达介绍给了凡尔纳。

赫泽尔于1848年认识了纳达。这位早年的漫画家后来成了时髦的摄影师。而且纳达在这方面的确是一个天才和先驱者。他曾经借助电灯拍摄了许多巴黎下水道的照片和第一批航空照片。纳达还创立了探测摄影。

纳达把摄影提高到了艺术的高度，在一幅拍照的漫画上，画着他带着照相机在巴黎上空一个吊在气球下面的筐子里，勉强能保持住身体的平衡。

纳达是个爱嚷嚷又好动的角色，对任何新鲜事儿都挺感兴趣。1862年，他对航空科学简直着了魔。

埋头创作《气球上的五个星期》的凡尔纳或许给纳达谈起过他

正在酝酿的这部书稿，甚至谈得更深入一些，将他对空中航行的想法全告诉了他。他认为，飞越非洲的气球事实上并不是一艘飞艇，而是一只借助使它能自由升降的体系寻找顺风的航空帆船。未来属于比空气更重的物体，这种物体既依靠大气层，又不再成为大气层的奴隶。当纳达创建"航空旅行"团体的时候，凡尔纳也参加了。

1863 年，这个团体在纳达的工作室进行蒸汽直升机模型表演。当时大家激烈争论的是，想象中的直升机和实际存在的气球之间是否存在比空气重而比空中飞行器轻这个问题。

纳达的注意力很快被吸引到这个问题上来了，这种可能性不能排除。他交游甚广，很快便跟正在以土办法寻求同一个问题的答案的德·拉·朗德尔和蓬同·达梅古尔接触。他设想成立一个空中航行研究学会，由儒勒·凡尔纳任该会督察员，由他的两位朋友任研究员。很显然，为了以更有效的方式研究这个问题，筹集资金乃是必要的。

他们立刻筹划制造一只命名为"巨人号"的大气球以吸引公众的注意。这只气球将与《气球上的五个星期》中的"维多利亚号"开始在非洲上空飞行的同时升上高空。

最终，这些人成功了，"巨人号"果真造出来了，举行升空仪式时引起了极大轰动。当时，坐在它宽敞的吊篮上的有很多显赫人物，此外还装有粮食、武器以及一位"黑奴"！

不幸的是，"巨人号"的第三次航行大概在汉诺威岛结束了；纳达和他的夫人遇到了极大的危险。而在此期间，《气球上的五个星期》中的"维多利亚号"继续成功地在非洲的上空飞行。

人们都被这两只气球，一只真实气球，一只想象中的气球的惊险旅行搞得喘不过气来，但大家都对"费尔久逊博士的探险活动"保持着热情关注。

描绘北冰洋上的奇观

《气球上的五个星期》的出版，奠定了凡尔纳作为一名杰出小说家的地位。

回顾1848年儒勒·凡尔纳来到巴黎求学，取得法律学位之后，本可以返回南特，继承父业，过上外省安适平静的生活，但他宁愿留在巴黎孤军奋战，穷困潦倒，探索他的独特的文学道路。

如果当初他一直从事他喜欢的戏剧，那他只能成为一个第四流的作家。而现在，他已经找到了应该走的道路，他成功了。

从1851年至1862年这10年间，凡尔纳从一名景仰维克多·雨果和崇敬大仲马，并在二者之间徘徊的文学青年，10多年间历经了政治理想的破灭、穷困生活的熬煎、情场失意的痛苦、疾患的折磨，其中虽有动摇和失望，但仍矢志不渝，苦苦探索。

多年来，他学习苦读，笔耕不辍。日复一日，街上的煤气灯点燃又熄灭；年复一年，春风刚刚吹绿了蒙马特尔高地，秋雨又淋病了塞纳河边的弱柳。

经过多年的艰苦磨难，他培育的种子终于发芽、开花，结出了丰硕的果实。凡尔纳成为科学幻想小说或科学浪漫主义的奠基人、未知世界的探索先驱、科学的预言家，又是这一文学体裁的唯一代表。

1863年9月，凡尔纳的经济收入已有所增加，生活逐步得到保障和改善，于是他搬进了巴黎郊区奥特伊尔拉·封丹街19号一间体面的房子里。这座住宅虽然并不很大，但是独立的，幽雅肃静，利于创作。

书房的隔壁是会客厅，赫泽尔经常在这个房间出入，与凡尔纳商

谈每一部书稿的计划、优点和缺憾，并为他送来稿费。

凡尔纳的书房里放了一张行军床，两把木椅：一把坐着写作；一把堆放资料。他每天几乎都待在这里，只有吃饭才走出书房。

奥诺丽娜仍然把全部精力用来照顾儿子和丈夫，料理家务。她虽然依旧为凡尔纳准备可口的饭菜，但已经不再奢望能得到他的感动和赞赏，因为他只痴迷于自己的作品，只为自己创造出来的情节和人物而感动。只有赫泽尔到来时，可以听到凡尔纳的笑声和滔滔不绝的讨论。此外，奥诺丽娜只能品尝沉闷的家庭气氛，她非常忧伤。

有一天晚饭时，奥诺丽娜突然发现，餐桌旁的一把椅子意外地变矮了，她坐到上面试了试，餐桌竟然与自己的下巴一样高！她不由纳起闷来："是儒勒把椅腿锯短了？家里除了他还有谁会这样做！这么早就给米歇尔准备椅子吗？他才两岁呀！"

她想破了头也想不明白，只是喊："亲爱的，吃饭了！"

凡尔纳默默地走出书房，来到桌前。他竟然一下就坐在了那把矮椅上！

奥诺丽娜差点儿惊叫起来，看着凡尔纳把嘴巴放到餐碟上，他不用弯腰，也不用刀叉，就将饭菜吃到了嘴里。

这顿饭他吃得快极了，只见他把嘴往餐碟上一舔，几下餐碟就光了。看来他不是在品尝奥诺丽娜的高超厨艺，而只是履行一个把饭菜放进肚里的程序。

看着凡尔纳咽下最后一口饭菜，奥诺丽娜说："亲爱的，我原认为那把椅子是你为儿子准备的，原来是你自己用的。如果你每天就这样快把饭吞进肚里，那你的健康肯定会出问题。"

"我的时间很宝贵，我可不想在吃饭上多浪费，这个发明可以省下一些时间，真是我的杰作。"凡尔纳说完，站起身就进书房去了。

奥诺丽娜眼里噙满了泪水，她对着凡尔纳的背影说："难道你都没有时间坐下来好好吃一顿饭吗？"

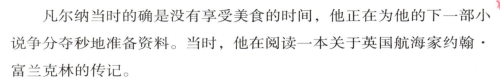

凡尔纳当时的确是没有享受美食的时间，他正在为他的下一部小说争分夺秒地准备资料。当时，他在阅读一本关于英国航海家约翰·富兰克林的传记。

富兰克林是个狂热的探险家，对下属极其严厉，热衷征服西北航道达到疯狂的程度，他不畏艰难，不惧险阻，出生入死，视死如归。

富兰克林从青年时代起，就喜爱上了探险，32 岁当了船长，当即统领一支西北通道的探险队，此后又进入加拿大北部荒凉地区。

1845 年，富兰克林最后一次探险时年已 57 岁，他率领"黄泉号"和"恐怖号"从英国利物浦出发，一去杳无音讯，生死不明。

10 多年来，这位勇敢的探险家的失踪，一直牵动世人的心，在此期间，许多国家派出探险队，相继进入西北航道，寻找富兰克林的下落。直至 1859 年，由麦克·克林托克的探险队才带回富兰克林船长和全体船员 138 人全军覆灭的确实证据。

据称，富兰克林率领的探险队，由于被流冰夹住，只得在极地越冬，全体人员因天寒地冻，无以充饥，相继殒命，无一幸免。另外，据说从英国海军部订购的罐头食品，内装腐肉、沙子、锯末。

凡尔纳在阅读传记时，做了大量笔记。他被故事深深地吸引住了，他甚至无法控制自己狂跳的心脏。他把自己想象成了富兰克林船长，一位勇敢的极地探险英雄。

凡尔纳的头脑在激烈地沸腾着，手中的笔也不停地颤抖。他又查找了很多资料，找到几种不同类型的世界地图，在那白茫茫的北冰洋上，他探索着航海探险的路线。一个极地航海探险的计划就这样在他头脑中产生了。

1863 年夏的某一天，凡尔纳在稿纸上写下一行大字：哈特拉斯船长历险记。

于是，凡尔纳便开始了这部小说的创作，小说开头笼罩着神秘的气氛：一支神秘的探险队悄悄地从英国利物浦起程了，不事张扬地驶

向北方。到了大海上才宣布，船长是妇孺皆知的哈特拉斯，目标是北极。哈特拉斯，据说是北极一座火山的名字。

凡尔纳夜以继日，笔耕不辍。他已经忘记了自己是在 10 平方的书房内，还是在那艘驶向北极的船上；他不知道自己手里拿的是正在写字的笔，还是正在追逐那只受伤海豚的挥舞的船桨。

凡尔纳对北极探险的进展情况了如指掌，并充分运用各种极地理论、假说和设想。同时，他不仅准备充分，而且写作十分投入。他通过想象，已经完全融入到哈特拉斯的北极探险中，已经置身于他要展开人物的地点。他深入到主题之中，到了纬度80°的地区，气温达零下40℃。虽然当时正值盛夏，但他一写作便患感冒，呼吸困难，手脚麻木。

他大喊着："谁来帮帮我啊？快帮帮我，我的手被冻僵了，桨也握不住了！"

奥诺丽娜听到他的呼救声，赶紧奔进书房，摸一了下他发烫的额头，吓了一跳："亲爱的，你发烧了！肯定是晚上睡觉着凉了？我给你拿药去。"

但凡尔纳根本一点反应都没有，他根本没有感觉到身边的奥诺丽娜，还在高喊着："哈特拉斯船长，我们的船被浮冰夹住了！我们被困住了，周围都是茫茫的冰海。"

奥诺丽娜明白了，凡尔纳陷入他自己创设的"北冰洋的奇观"中了，自己反而成了局外人，她委屈地离开了。

连续奋战了 10 多个小时，一直写到哈特拉斯带领大家穿越了危险地带，凡尔纳才长出了一口气，停下手来。他回到巴黎的盛夏，立时感觉腰酸背痛，手指麻木。

这期间，奥诺丽娜为他把饭热了好几次，端进来又端出去。这时奥诺丽娜又为他送来了刚热好的饭。

凡尔纳却说："亲爱的，我在船上吃过了。船长为我们准备了丰盛的午餐。哦！对了，他刚刚下命令让我们全体船员立刻休息。我必须服从这个严厉的船长！"

凡尔纳说完，立刻起身来到那张行军床上，倒头便睡。

奥诺丽娜喊他："不是的，亲爱的！你已经10多个小时没吃东西了。现在不是中午，已经是深夜了！听见了吗？亲爱的！吃完饭再睡好吗？"

但凡尔纳鼾声响起，他已经听不到了！

奥诺丽娜心疼地看着疲惫不堪的丈夫，自言自语道："这对他的健康会有害的，我必须想个办法。"

奥诺丽娜给赫泽尔写了一封信，把情况向他说明，并求他帮忙。很快赫泽尔就回信了，说他过几天就赶过来。

赫泽尔果然没几天就来了，奥诺丽娜开门把他迎进客厅。凡尔纳根本不知道赫泽尔到来，他已经完全听从哈特拉斯船长的命令，其他什么声音也听不见了。

赫泽尔走进凡尔纳的书房，眼前不再是以前那个潇洒的年轻人

了。只见凡尔纳满脸憔悴，长发杂乱，衣衫不整。尤其让赫泽尔惊奇的是，书桌下面还放着一个盛满水的大盆，凡尔纳两只脚放在里面，手上一边不停地写着，双脚不停地在水盆里摇动。

奥诺丽娜解释说："他说，只有把脚放在水里，他才能找到船在海中的感觉，他才会产生灵感。这真是匪夷所思！赫泽尔先生，他是

不是精神上有毛病了？"

赫泽尔安慰她说："没事夫人，不用担心，我知道他在做什么。"他看着眼前的情景，不由得泪水夺眶而出：作家这样来创作，还愁小说不会畅销吗？他轻声对凡尔纳说："喂，儒勒，停下休息一会儿吧！"

但凡尔纳的心还在茫茫的北极冰原上，根本没有理会赫泽尔。

奥诺丽娜说："他说过，他只听从哈特拉斯船长的调遣。"

于是赫泽尔命令道："我是哈特拉斯船长，我向凡尔纳船员下命令，立即停止划桨，马上回舱休息！"

嘿，这招儿还真灵！只见凡尔纳顺从地放下笔，起身来到行军床前，躺下便睡着了。

凡尔纳这觉睡到第二天中午。在这 10 多个小时里，赫泽尔把书稿略读了一下，他被哈特拉斯船长那勇敢无畏的精神深深地折服了。作者大量采用真实准确的细节描写，探险队一路风险一路关隘，一环扣一环，通过雷根海峡、贝罗特海峡、富兰克林海峡、克林托克海峡、彭尼海峡。一波未平一波又起，每一个海峡都是一道鬼门关，而每一关口又各不相同，使人读来如身临其境，紧张得没有喘息机会。

赫泽尔预感到，这是凡尔纳继《气球上的五个星期》之后的又一部成功力作。

接下来，赫泽尔一直关注着凡尔纳的进展情况，他们一起探讨哈特拉斯后来的命运。

凡尔纳塑造哈特拉斯船长这一人物形象，是以富兰克林为原型的，二者一样以对船员要求十分严格而闻名，对探险事业一样地执著，一样地狂热，一样地英勇果敢。原来凡尔纳安排哈特拉斯和富兰克林一样的结局，葬身北极。因为小说的最后一部分所有的船员都牺牲了，剩下哈特拉斯一个人在茫茫的冰原上，只能跳入一个火山口自焚。

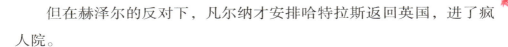

但在赫泽尔的反对下，凡尔纳才安排哈特拉斯返回英国，进了疯人院。

不过，凡尔纳塑造哈特拉斯形象，又不局限于富兰克林的这一个原型，而是概括众多极地探险家的诸特征而创造出一个极地探险家的典型，因而它更富有魅力。

这部小说在《教育与娱乐》杂志上连载发表，在连载过程中，凡尔纳还在不断修改。1866 年，才出版发行了修改后的单行本。

果然如赫泽尔所预料的一样，《哈特拉斯船长历险记》引起了社会各界的关注。

著名的探险家夏尔利认为这是一部"最出色的航海日志"，并肯定说，他曾亲身经历过书中所描写的那些事件。

许多探险家都承认，没有哪部作品能比得上《哈特拉斯船长历险记》中所描写得那样逼真，海上的生活、探险者经历的苦难、北冰洋上的奇观，都被凡尔纳描写得淋漓尽致。

凡尔纳把他收集的新发现的北极资料和有关北极的理论学说同幻想有机地结合起来，并创造出一种在北极的严酷条件下，小说主人公不畏艰险、奋然进取的苍凉悲壮的气氛。

《哈特拉斯船长历险记》的成功之处，还在于作者为我们塑造的几位性格各异但同样可敬可亲的人物形象，水手长詹逊忠于职守、诚实可爱；科学家克劳博尼的谦虚质朴、为科学献身精神使读者动情；哈特拉斯，这位北极探险的狂热鼓吹者和实践者，最后成为自身狂热精神的"牺牲品"，令读者扼腕叹息！

精心创作《地心游记》

在创作《哈特拉斯船长历险记》的同时，凡尔纳又开始探索一个纯幻想领域，即深入地球内部做一次幻想中的旅行。《地心游记》的书名虽然俗而又俗，而内容则有科学根据，风格独特。

如果说《哈特拉斯船长历险记》像在准确得像一部"最出色的航海日记"的环境中幻想，那么《地心游记》则是在幻想环境条件下任你正确运用科学。

凡尔纳的这个想法，来源于 1863 年冬天他结识的一个朋友，地质学家查理士·塞特恩·克莱·德维尔。

德维尔是一位性格暴烈、风风火火的火山狂。他到过许多火山探险，虽然这位学者身材不高、身体单薄但却十分硬朗，他一讲起火山，就眉飞色舞、滔滔不绝，不仅讲述种种不同的火山喷发现象，还讲解火山喷发原理。他的讲述令听者如痴如狂。

多年来，德维尔一直从事火山研究，多次到过特纳里夫和斯特隆博利火山，还到过安的列斯群岛火山。他还对冰岛和意大利的地质地貌情况所知甚多，因为这两个国家是火山多发区。

凡尔纳创作《地心游记》的立论基点，不仅来自于德维尔所讲的火山故事，他还采纳了美国人约翰·克利夫特·西姆斯于 1818 年提出的地球空心的假说。西姆斯大胆地假设，地壳空心内有 5 个同心球体，各球体运行于地球数千英里直径的两极开口间。1838 年，在西姆斯的鼓吹下，美国国会曾赞助派出一支探险队开赴南极。

1820 年，有一个叫西姆恩的人，也可能是西姆斯本人，写了一本小说，名叫《西姆佐尼亚》，也持地球空心观点，到地球内部做了一次旅行。另外，爱伦·坡的长篇小说《阿瑟·戈登·皮姆纪事》，也是同一理论假说的派生产物，不过幻想成分多一些而已。

经过一段时间的构思和研读，凡尔纳收集了大量的资料，他的另一部科幻小说《地心游记》诞生了。爱伦·坡和西姆斯都极力描述南极，而凡尔纳却专注北极。一方面与当时人们特别瞩目北极探险有关，另外，凡尔纳故意反其道而行之。

这部小说描写的旅程，是从冰岛起程到地球的心脏。书中的主人公是一位50多岁的德国矿业教授黎丁布洛克，一个偶然的机会，他在一本古书中得到了10世纪冰岛一位著名炼金者夹在其中的密码文件。而他的侄子阿克列赛无意间破译了这个密码：

> 从斯奈夫·约夫旧火山口下去，7月份以前斯加凡里斯山峰的影子会落在火山口上，勇敢的探索者可以由此抵达地心。我已经到达过。
>
> 阿恩·萨克奴山

阿克列赛是个"性格有点优柔寡断"的小伙子，和"他以德国人那样的热心而安静地恋爱着的"未婚妻格劳班一样，对离开汉堡的安乐窝，离开他那些庸俗的习惯缺乏热情。格劳班是个蓝眼睛的女郎，"性格较为严肃"；命运恰好落在阿克列赛头上，使他找到能辨读阿恩·萨克奴山密码文件的钥匙。

而黎丁布洛克凭着他对科学探索的执著精神，决定带着阿克列赛去进行这次"最离奇的旅行"。于是，叔侄俩在冰岛向导汉恩斯的陪同下，三人沿着当年萨克奴山路线的通道进入了地心。

旅途中，他们经历了种种无法预料的艰难困苦，亲眼见到了奇妙世界中的各种景象，最后，由于罗盘发生故障，指错了方向，他们没有到达真正的地心，但这次为期两个月的探险，却使他们成为轰动世

界的人物。

　　小说中，最令人难忘的部分，要数阿列克赛的那个梦境了。作家借助这个梦境，几乎历数了地球上的生物演变史。即使在今天，这个梦也是一种十分漂亮的地球生物演变史的幻想，那么在1863年，就十分惊人了。

　　在经受了可怕的考验之后，阿克列赛将能追溯世纪的源流，了解这个史前业已消失的世界；更值得欣慰的是，他发现了亚当以前纪元的人类。此后，他认为"一切合乎人情的东西都能成为现实，我忘记过去，我鄙视未来"。

　　书中还出现了一个酷似人的巨大动物驱赶猛犸象的幻想。如果这个动物是类人猿的话，那就令人目瞪口呆了，因为直至20世纪初，才有类人猿或雪人的巨齿的发现。

　　以阿克列赛为主人公的这部小说，简明扼要地描述了我们的命运，深入浅出地说明了人类的忧虑。这种忧虑常常出现短暂的间歇，好让我们作出新的努力。

　　当我们的努力将我们引入一个令人失望的死胡同的时候，当"黑暗"笼罩着我们的时候，我们自觉或不自觉地求助并委身于一个沉默的上帝。这种绝望的祈祷将产生一种最初的有益效果，并给了我们坚持下去所必需的勇气。

　　1864年10月25日，《地心游记》正式出版。它使整个世界都为之震撼，被翻译成多种文字。人们阅读、讨论，质疑者和拥护者都站在自己坚定的阵营中互相攻击。

　　在这部被称为"地质史诗"的作品中，凡尔纳以现有的科学为依据，张开想象的双翅，陈述了一个有关地球演变的杰出幻想。实际上，凡尔纳这些年来一直关注着19世纪的先进思想和最新的科学发明发现，他未必相信西姆斯的地球空心假说，那里有若干卫星在运行，并且栖息着地球上早已绝迹的古生物群，又岂能相信从冰岛的特

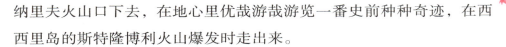

纳里夫火山口下去，在地心里优哉游哉游览一番史前种种奇迹，在西西里岛的斯特隆博利火山爆发时走出来。

但冷却地球假说、地球空心假说，只不过是他用来恢复地球远古历史、使读者目睹地下奇异世界的一种手段罢了。

1859 年，英国生物学家达尔文的《物种起源》出版后，各国学术界为之震动，因为他提出的进化论，是自然选择的必然结果，这沉重地打击了宗教宣扬的创世说。

1863 年，当凡尔纳正沉迷于小说创作的时候，巴黎出版了《物种起源》的法文版。在当时宗教界看来，凡是对《创世纪》表示怀疑的地质发现，都是十恶不赦的。此时，关于古地质学和古人类的争论，已到了最后关头。正像一位宗教权威人士所说："要么你站在类人猿一边，要么你站在天使一边。"

凡尔纳并不害怕遭到非难，他坚定地站在类人猿一边。

后来，新版本中加入了插图，凡尔纳加进了发现古人类化石的细节，并且宣布："如果我们要有丝毫怀疑，那将是对科学的极大诬蔑。"

随着科学的深入研究，凡尔纳的世界观也发生了重大变化，他渐渐摆脱了天主教的影响，而成为一个自然主义者。

10 年之后，凡尔纳却因为《地心游记》而受到德尔马斯先生的指控，说他在创作《地心游记》的时候，剽窃了他的一篇题为《米内弗的头颅》的中篇小说的内容。他还收到一份催告书，要他付款10000 法郎。

接到这份催告书后，凡尔纳吃了一惊，说："干吗不要求付 1000万法郎！"

《米内弗的头颅》这篇小说曾发表在《当代人》杂志第三十五卷的第二部分；作品的主人公在一口置放在山顶上的棺材里发现了一个人头。凡尔纳对他的出版商说："这两个题材之间没有一丝关系。"但仅有一个稍微会使人觉得惊讶的相似点：那就是，《米内弗的头颅》

中，棺材的位置是由一根柱子在月光下投射的影子标示出来的，而《地心游记》却利用阳光投射一座山峰的影子去标明进入地球深部的入口位置。

凡尔纳说："瞧！德尔马斯先生的小说大体上是在我那本书开头的地方结束的！我向您发誓，我在写《地心游记》的时候，压根儿不知道德尔马斯先生的那篇小说。同样很有必要指出的是，他之所以在要求文学家协会作出仲裁之后又改变了裁判权，那是他刚被该协会判决为剽窃者。"

这场官司发生在 1875 年，结果德尔马斯败诉，被判支付全部诉讼费用。

这叫做"偷鸡不成，反蚀一把米"。促使德尔马斯控告凡尔纳的动机，一为名，二为利；归根结底，还是利，见利忘义！

写作《从地球到月球》

凡尔纳的世界观发生了巨大改变后，无论身外的世界发生了多么大的变化，此时的凡尔纳都不想去关注了，他感到身心俱疲，只想好好地歇一下。

恰在这时，他收到了多年未联系的弟弟保尔的来信，说他将带着未婚妻回尚特内父母的别墅，他已经邀请了早已结婚的三个妹妹带着全家一块去，另外还有他们的姑表兄妹们。他准备这段时间把婚礼办了。

凡尔纳顿时喜出望外。

想起来，自己有多少年没有见到父母了，他们都已经老了。保尔，这个自己童年的玩伴，他变成什么样子了？自己的船员梦想是无法实现了，但保尔却替自己圆了这个梦，他肯定被海风吹得黝黑？他到过童年时他们梦想中的那个遥远的国度了吗？他的未婚妻长得漂亮吗？

凡尔纳无法抑制心头的狂喜，马上把这件事告诉了妻子。奥诺丽娜也大喜过望，脸上露出了久违的笑容。她亲自张罗着为凡尔纳和三个孩子做了新礼服，又给父母和保尔及其未婚妻准备了礼物。

凡尔纳经过奥诺丽娜一打扮，也精神多了。

1864 年夏天，凡尔纳家族全体成员都欢聚在南特城郊的那个偌大的尚特内别墅家中，弟弟保尔携带他的漂亮的未婚妻，三个妹妹及其眷属归省，此外还有阿洛特、特朗松、夏多布尔家族成员，奥诺丽娜带着孩子们提前赶回。儒勒由于与赫泽尔商讨《地心游记》的一些细节问题，两天后也到达了尚特内。

尽管这一次归省探亲时，他已是大作家，不仅国内闻名，也名扬海外，可以称得上衣锦还乡，但却无论如何找不到1850年10月7日他和大仲马合作的《折断的麦秆》在南特剧院上演后谢幕时那种感觉了。

全家人都非常高兴。皮埃尔与索菲也早把当初凡尔纳放弃法律而引起的那些不愉快抛到九霄云外了。此间，大别墅内外充满了节日气氛。大家一起策划，为年满35岁的保尔与玛丽·德·蒙陶兰小姐举行隆重的婚礼。

他们的三个妹妹已先后嫁出，安娜于1858年嫁给昂格·迪克雷斯·德·维尔纳夫；玛吉于1860年嫁给了维克多·弗勒里，玛丽；那个外号叫"美丽蝴蝶"的小妹也于1862年嫁给了莱昂·吉荣。

保尔和蒙陶兰小姐在尚特内这尚且保存中世纪法国乡村某些古朴特色的传统环境中举行一次传统的婚礼。别墅内外到处洋溢着快乐的笑声。皮埃尔先生儿孙绕膝，安享天伦之乐，自然喜形于色，老先生也格外慈祥和蔼。

儒勒由于受这种生机勃勃、欢乐陶陶的环境的渲染，他的诙谐天性又复苏了。白天，他是这里的中心人物，无拘无束，谈笑风生。

在这些喜庆日子里，大家每晚都举行舞会和其他娱乐活动。然而，每当夜幕降临时，儒勒又步入他自己的幻想世界漫游。亲戚们都抱怨说，儒勒变得不合群了，是不是有了名气架子也大了？还有人担心他夜间是不是又犯老病了？

是的，省亲后由于激动，儒勒面部神经又有麻痹的感觉。

儒勒摆脱剧院秘书和交易所经纪人的职务后，并未如他所期盼的那样，得到真正的自由。相反，他不仅没有感到轻松，反而比以前更忙碌了。在面部神经麻痹的情况下，晚上他依旧伏案写作。

这几天回到父母身边，他找到了孩提时的幸福感觉，但这种快乐仅仅维持了几天，当他回到自己的书房时，就立即又被自己的幻想包裹起来。

气球放飞了，北极冰原航行过了，也从地心中钻出来了，那么，他问自己："你的下一个目标要去哪里呢？"

10月的一天，凡尔纳用过晚餐之后，信步走出让他备受幻想袭击的书房。

多美的夜色啊！晴空万里无云，深蓝色的天幕中闪烁着点点繁星，天边挂着一弯新月。

凡尔纳的长发和胡须被晚风轻轻地拂起，他若有所思地感慨道："如果时光能够停住，那将是多么美妙的事啊！"他望着那微亮的上弦月，不由心驰神往："月亮是遥不可及的，但它却是离人类居住的地球最近的星球，那上面有些什么呢？"

他的幻想继续延伸："人类可以到达月亮上去吗？那得造一架多么高的云梯呀！浩瀚无垠的宇宙啊！我多么想在你的胸怀中自由遨游！"

1865年，历时5年的美国南北战争，随着南方联军统帅罗伯特·李于1865年4月9日向北方联军统帅格兰特投降而宣告结束，美国人民获得了自由。联邦政府的胜利，在以出版商赫泽尔为核心的共和派人士中引起了热烈反响，他们一起隆重庆祝。

凡尔纳和赫泽尔与他周围的自由党人，一直衷心祝愿着持反对奴隶制思想的北部军队取得胜利。凡尔纳始终关注这场战争的全过程，后来写过一本小说，名叫《北方反对南方》。

《北方反对南方》一书中，凡尔纳对这场战争的描述表明，他非常了解事态的发展。同时，他对双方为使炮兵具有一种时至今日仍无法弄清的威力而作出的巨大努力感触尤深，并对此感到惧怕。

是的，战争结束了，武器被闲置起来，而军火制造商无利可图，他们会不会制造事端，重新挑起战争呢？这是像凡尔纳一样爱好和平的善良的人们所担心的。

凡尔纳从青年时代就痛恨战争、痛恨军国主义、殖民主义，反对压迫，反对暴政，同情被奴役被压迫的弱小民族，随着阅历拓宽，认识加深，这种情感越来越强烈。

此刻，凡尔纳想道："大炮制造商的生意中断了，他们会寻找何种方式来排遣心中的烦闷呢？多年以寻求彻底消灭同类的最佳方式为目标的炮兵将会变成什么样子？"

他心中产生了一个念头：借南北战争结束之机，以几位科学家和炮兵成立大炮俱乐部之名，行武器为和平与科学服务之实，以实行他与许多和平主义者的梦想。

凡尔纳把手中的笔浸入到墨水瓶中，许久都没有取出来，他觉得，这支笔变得无比沉重："我将拿一部什么样的作品奉献给我的读者呢？那些或许会变成危险的肇事者如何去处置他们呢？如何才能让世界永远和平呢？"

这天，他带着这些想法来到经常散步的林荫小路上，有着千奇百怪想法的形形色色的人们都汇集到那里。其中有个年过七旬的老者对凡尔纳开玩笑说："伟大的科幻作家先生，我们也痛恨那些军火商。现在他们闲下来了，不如让他们用大炮轰月亮吧！最好把他们也都送到月球上去。"

真是一句话提醒梦中人，凡尔纳茅塞顿开，高声叫道："好主意！把他们送到月球上去，人们就永远拥有和平了！"

目标找到了，现在的问题是，要达到这个目标。炮手们只能设想一种唯一的方式，那就是使用大炮。除了它，实在找不到别的方式了。

凡尔纳非常认真，他要证实原先也许是个恶作剧，但显然是一件可以做得到的事情。必须提供证据，物理和数学将要助幻想的一臂之力。他借助往年积累的科学知识，手执铅笔进行各种计算。计算结果向他表明，从弹道的角度上说，这个方案显然是可行的。再说，弹丸可由一枚炮弹来代替，而这枚炮弹是空心的。他依稀听见他的朋友、冒险狂人纳达向他嘟哝说，可以让一个人坐在上面。这位敢作敢为、热情奔放的人或许会毫不犹豫地去试一试这次如此疯狂的冒险。

凡尔纳非常谨慎，他不敢肯定自己的计算是否准确，于是请他的堂兄、高等数学教授亨利·加塞再认真地算了一遍。

亨利·加塞曾发表过一篇关于宇宙学方面的论文，做这样的计算是完全可以胜任的，他把数据认真地算了一遍。

发射弹道确定下来了，但仍然存在许多难以解决的异议。按照夏尔·诺埃尔·马丁的说法，凡尔纳既不是"无知的人，也不是容易受骗的人"，他必须以科学为依据，必须让人接受这样的事实；这些异议虽然难以解决，但毕竟被解决了，只有这样他才能将小说写下去。

假如使用火箭，猝然发生的加速运动、因与大气层摩擦而发热等这些障碍大概都可以被克服。事实上，火箭的确是问题的一种解决方式。

凡尔纳不是不知道使用火箭，因为他的炮弹就装有制动火箭系统。但这是在枪炮社会，根本谈不上使用火箭！更为严重的是，推进火箭所必需的燃料在当时还不存在，有的只是火药，而使用火药又无法控制其爆炸力。

凡尔纳无论在宇宙学方面，还是在物理、数学和化学方面，他对所获得的结果都是极为谨慎的。他设计的太空船的发射弹道是准确的，这艘太空船用铝制造，高度和重量都十分正确，而且预计到空气形成环流。他将直径为 4.8768 米、能分析巨蟹星云的望远镜架在乱石岗上，与今天美国宇航中心发射航天飞机的肯尼迪角几乎在同一纬度。这实在使人感到惊讶。

这架仪器跟后来设置在巴洛马尔山同样的石山上的那架直径为 5 米的望远镜所差无几！至于对巨蟹星云的计算，与今天的天体研究目标，差不多完全一致，并预见了宇宙航行诸多方面。

当把这些都弄清楚之后，凡尔纳正式开始了这部小说的创作。

1865年9月14日至10月14日，凡尔纳的新小说《从地球到月球》在法国《论战报》以连载的形式刊出。

《从地球到月球》是以剑桥天文台的一份报告结束的。报告说，炮弹根本没有到达月球，而是变为月球卫星，沿着一条椭圆形轨道运行。报告作出两种假设，一是月球引力把炮弹吸走，落在月球表面；二是炮弹环绕月球运行，直至宇宙末日。

自从1865年，巴尔康、亚当和尼科尔这三位人类历史上首批"宇航员"腾空而起、消逝在茫茫宇宙空间以后，时过数年，他们的命运如何？

此后，人们会再得到三位空间旅行家的信息吗？他们能和地球再取得联络吗？许多热心而痴迷的读者给编辑部写信，有的甚至直接找凡尔纳问。

直至1868年末，凡尔纳才透露，他要写这部小说的续集《环绕月球》。

续集描述了三位探险家在密闭的小船里的感受，包括他们在外层空间奇异的失重状况。书中用了大量的篇幅致力于数学和天文学上的推测。

1868年，凡尔纳开始计划写《环绕月球》之前，便把提纲呈请大数学家贝特朗过目。贝特朗认为，这个材料只够写"一本小册子"。后来，凡尔纳给赫泽尔的信中说："如果贝特朗教授考虑一个星期，会有不同的看法。"

当炮弹进入月球轨道、环绕月球旋转的时候，为避免炮弹在太阳系中迷失方向，此时要做第一次修正。当炮弹运行到月球背地球的一面，突然出现一个天体，再做一次修正。当月球运行到其椭圆轨道的近地点、地球引力重新起作用的时候，巴尔康启动辅助火箭，使炮弹返回地球。

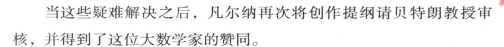

当这些疑难解决之后，凡尔纳再次将创作提纲请贝特朗教授审核，并得到了这位大数学家的赞同。

1869 年 7 月，凡尔纳从克罗托克写信给《论战报》编辑部，希望他们催稿不要太紧，他打算请"一位值得信任的数学教授看一遍全稿"，"此人系大数学家贝特朗的合作者"，即凡尔纳的表兄亨利·加塞。

凡尔纳为构思这种炮弹重返地球的方式，研究过大量资料。如果让炮弹停留在月球上，那它将永远无法离开，因为当年还没有可资利用的轻巧的动力装置使炮弹逃脱月球的引力。炮弹一旦成为月球的卫星，环绕月球运动，当它在月球引力区另一半径中加速运动时，只要运用不大的动力，即可使炮弹重返地球引力区，飞回地球。

凡尔纳让地球上的人发射了几枚辅助火箭，这才使炮弹摆脱了环绕月球的轨道，飞船跌到了地球上，落入靠近墨西哥海岸的太平洋中。后来一艘美国海军的船只从海中打捞上这个密封的小船，三位时代的英雄竟然在密闭室里悠闲地打着桥牌。

在凡尔纳的两部宇航科幻小说《从地球到月球》和《环绕月球》中，闯进一个法国人，未见其人，先闻其声，风风火火地来到读者面前。此人即凡尔纳的挚友，征服宇宙空间的志同道合者纳达。纳达向来以探索科学新领域并以知行高度统一而称著于世，他于 1863 年几次进行气球飞行失败后对气球航行彻底失望了，又开辟新的科学领域，即研究重于空气的空中交通工具。为此，纳达、凡尔纳和《航空学》作者德·拉·朗德尔发表了一份宣言，宣称轻于空气的飞行器已穷途末路，必须建造重于空气的飞行器，并采用螺旋桨作为推动飞行器前进的工具。

纳达的这份宣言曾轰动世界；而凡尔纳又使他的好朋友纳达作为世界上第一批宇航员载入科学幻想小说的史册。只是将纳达（Nadar）名字的字母顺序稍加改动成为亚当（Ardan），与读者见面。

　　100 年之后的 20 世纪 60 年代，美国"阿波罗 13 号"的宇航员佛朗克·鲍曼说，他驾驶的宇宙飞船与巴尔康一样，也是从佛罗里达升空的，座舱重量相同、高度一样，后来溅落在太平洋的位置，距小说炮弹溅落位置只差 4 英里，他强调说："这不可能是简单的巧合。"并说，当他准备出发前，他的妻子担心他的安危，他把凡尔纳的《环绕月球》拿给妻子读，读后她就放心了。

　　文艺批评家夏尔·马丁为此书再版写了一篇不错的序言，他指出："正是他，而且只有他才有这种胆略和非凡的直觉意识，预计到有可能向月球发射一枚炮弹。更令人惊讶的是他在小说中多次提到炮弹变卫星的事实。"

珍爱"圣米歇尔号"

1865 年，凡尔纳要为他的一家找个度假点，他自然而然地想到索姆河的河口。该河注入大海，离巴黎比较近，同时入海口离亚眠约60 英里。

3 月份，凡尔纳带着妻子奥诺丽娜和儿子米歇尔，来到索姆河口的克罗托伊。克罗托伊只是一个小渔港，海岸平坦，对喜欢秀丽风光的人来说，似乎没什么魅力。但此处海岸别无任何东西拦阻巨浪狂涛，大潮颇为壮观。

凡尔纳挺喜欢这个地方，奥诺丽娜也没表示不高兴。孩子们可以在沙滩上嬉戏作耍，爱吵闹的米歇尔还在这里得了个外号，叫"克罗托伊的恐怖"。

一年前，凡尔纳就曾带着全家到这儿度过一个假日，从那时他就喜欢上了这个清静的地方。

他们租了一幢二层的小楼房，从楼上可以俯瞰小港口。房子前有花园，背倚沙丘。花园中有一座凉亭，凡尔纳将亭子改成工作室，名之曰"静庐"。沙丘生长稀疏的树丛和篱草，野雉和其他鸟儿出没其间，小蜥蜴和其他爬行动物偶尔可见。

由于长期的工作负担，凡尔纳被压得喘不过气来，脾气变得越来越坏，他觉得自己似乎变成了一个驮着重负的驴子。因此，他急于恢复那种宁静的生活，于是便在这里安顿下来，并决定在这里定居。

在这里，凡尔纳觉得他离开喧嚣的巴黎回归大自然，他可以在安静之余和妻子、孩子开开玩笑；可以完全沉浸在最新的幻想之中，航行在世界各大洋的海底。这种宁静的生活使他心旷神怡，摆脱应酬琐

事，可以集中写作。在 1869 年 8 月的一封信中，他为此向他的朋友作了解释：

现在，亲爱的赫泽尔，请您相信，我虽然住在克罗托伊，但我并没放弃巴黎。鉴于目前的境况，我不得不租一套更大的房子，各项费用都得增加，入不敷出，日子实在不好过。在这里，生活安逸，甚至略有宽余。看来，我们全家都感到满意，我还能犹豫吗？您想想，我有三个孩子，虽然前景尚未使我感到担忧，但眼前却是极为艰苦的。

凡尔纳经常到海滩上散步，和当地渔民们谈天说地。汹涌的浪涛，激起了他对童年的美好回忆，也激发了他做海上航行的强烈欲望。

他很快便购买了一艘旧渔船，请工匠改造成一艘小游艇。小艇重 12 吨，可以在近海航行。在整置该船时，他感到极为高兴，拥有自己的船是他梦想几十年的事了。他以儿子和海峡守护神的名字，把这艘船命名为"圣米歇尔号"，这只小艇将成为他的最大乐趣。

这是一艘又窄又长的小船，凡尔纳自封为"船长"，身穿渔民的服装，亲自驾驶。虽然他已经人到中年，但一玩起来，却快乐得像个孩子一样。

"圣米歇尔号"上只有两名船员，都是老水手了，一位叫亚历山大·勒隆；另一位叫阿尔弗莱德·贝洛。勒隆以前是水手长，参加过克里米亚战争和入侵意大利战争。贝洛的经历则更离奇，据他自己讲，他曾周游世界，多次与"野蛮人"格斗过，当过波利尼西亚土著人的俘虏。贝洛是名经验丰富的深海水手，而且是个故事大王，他讲起故事来很夸张。凡尔纳船长总是着迷于他的故事，每次都听得津津有味。

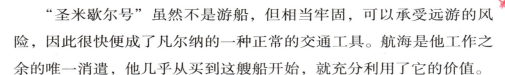

"圣米歇尔号"虽然不是游船，但相当牢固，可以承受远游的风险，因此很快便成了凡尔纳的一种正常的交通工具。航海是他工作之余的唯一消遣，他几乎从买到这艘船开始，就充分利用了它的价值。

当凡尔纳伸展四肢俯卧于"圣米歇尔号"的甲板上时，奥诺丽娜总会不失时机地讥讽他："我的苦命人啊！你根本不看天空，只把屁股对着它。真想不出，你那些美丽的故事是怎么写出来的？"

这艘小船一身兼三用，是游艇兼渔船，更重要的是工作室。小艇狭小，船长室只可容纳一条宽板凳，日间做席夜做床铺，横悬起一块木板当做写字台，板凳上铺草编的软垫子，夜里做褥子。工作间，简朴异常，倒也十分舒适。

天气晴朗，风和日丽，凡尔纳俨然一只真正的海狼，履行船长的职务，下达命令。然而一旦遇上风暴，原来的水手长白发苍苍的勒隆便快步走上船台，接替凡尔纳的职务，下达命令；撤了职的凡尔纳和贝洛一起松紧帆绳，掌船驾船，一丝不苟地履行一个水手的职务，服从新船长的命令。

1866年，凡尔纳重返克罗托伊，这一次他把全家都带来定居下来，因为他实在割舍不下心爱的"圣米歇尔号"。他让儿子米歇尔在这里上学，自己则一边安心地在船上写作，一边在大海上航行。

凡尔纳经常驾驶他的小船到很多地方去游览，他绕过科唐坦和菲尼斯太尔，从海上到波尔多去找他的弟弟保尔，并要将他带回南特。

凡尔纳曾经对妻子说："亲爱的，你知道吗？我有多想念我的弟弟保尔？"

奥诺丽娜不耐烦地说："当然，你说过不止一次了。"

"但你不知道，我现在最想驾驶着'圣米歇尔号'去找他。"

"为什么？"

"我和保尔都热爱大海，大海承载着我们童年的梦想。自从我当了'圣米歇尔号'的船长之后，我就一直想从海上去找他，然后把他

从海上带回来，让他乘着我自己的船，这种感觉太美妙了！"凡尔纳说着，禁不住手舞足蹈，脸上灿烂的笑容把奥诺丽娜都感染得热泪盈眶。

凡尔纳在波尔多待了两天，保尔有自己的工作，还要照看家庭，当然不可能真同哥哥一起到克罗托伊来。但他们哥儿俩一起坐在"圣米歇尔号"上，高兴地说笑着，回忆着童年时代的梦想。

回程实在太妙了，凡尔纳抑制不住内心的兴奋，坐在船舱里，开始给赫泽尔写信，让他分享自己在大海中航行时那种怦然心动的感觉：

> 正值秋分时节，一阵风扑来，我差点儿被抛到海岸上，嘿！简直像一场风暴；我像一名必须善于处置的真正海员那样去承担这种风险，这次航行本来只需要24小时，但我们至少耽搁了60个小时！您要在就好了！

而此时，赫泽尔也来到了法国尼斯海岸和地中海海岸一带。因为他这段时间身体一直不很好，他也想到蓝海岸上，借助温和的气候来恢复一下身体，

不过在这一点上，大小两个儒勒的看法并不一致，赫泽尔只是陶醉于碧蓝的海天一色的美景，凡尔纳却热衷于与翻腾怒吼的海浪搏斗。

有一次，赫泽尔让他儿子小赫泽尔来克罗托伊，为凡尔纳送来一份新的合同，并为凡尔纳带来了一些地中海的特产。

凡尔纳一见到小赫泽尔心中立刻无比地快乐，因为小赫泽尔长得像极了他的父亲，而且他的业务能力也和他父亲一样出色。凡尔纳很赏识他。

没等小赫泽尔坐稳，凡尔纳就迫不及待地问："我的老朋友身体

还好吗？不像以前那样虚弱了吧？上了岁数的人，吃什么药见效也不会很快，我时时惦记着他。"

小赫泽尔言谈举止彬彬有礼："谢谢您的关心，他现在很好。我会向父亲转达您的好意。"

说完，小赫泽尔话头一转："我这次前来，除了履行合同和代表父亲看望您以外，还要告诉您一件开心的事，您的一本书稿又在《教育与娱乐》杂志上发表了。当然这对您已经不是新鲜事了。"

听到老赫泽尔身体还好，凡尔纳放下心来，他笑着回答："我很高兴！而我的快乐正是源于你的到来。"

小赫泽尔接着问："父亲上个月写给您的信收到了吗？里面还夹着两张父亲在地中海的一艘渔船上拍的照片，那里风光真美，那天蓝得都能让人的心透亮的！"

凡尔纳回答说："信收到了。我正想告诉你呢！我之所以没有及时回信，是因为我一直待在我的'圣米歇尔号'上。当时我正从克罗托伊航行到卡来。那真是一次难忘的航行。当时正在大海上，突然遇到了一阵强风，小船被颠得起伏不定。"

小赫泽尔吃惊地问："那您没有受伤吧？您害怕吗？"

凡尔纳自豪地说："没关系！颠得再厉害我也不会害怕！这正是大海的魅力所在。"

小赫泽尔走后的两个月，凡尔纳带领他的船员们又开始了新的航行。但这次，他经历了一次前所未有的危险。

当他们航行到小港口城市迪埃普的时候，狂风大作。凡尔纳为了全体人员的生命，也为了他珍爱的"圣米歇尔号"避免毁于一旦，只好命令大家将船躲进港口，等凶猛的大海恢复平静以后，再继续航行。

小船返回克罗托伊，凡尔纳立即找了几位老船匠，把"圣米歇尔号"好好地修整了一下，将它改装成了一艘快船。凡尔纳将自己的

"壮举"写信告诉了父亲：

> 经过精心改装，"圣米歇尔号"已经成为索姆海湾第一批快速的船了。赶上顺风，它就像一片飘在空中的锦葵叶一样。为什么你们偏偏对此不感兴趣！我每天都面对凶猛的大海，而我的"圣米歇尔号"性能始终保持良好。

凡尔纳对"圣米歇尔号"的热爱超过了一切，他对自己的小船敝帚自珍，如果有人把他的船当一艘破旧的舢板来看待，他一定会为此怒不可遏地与人理论，甚至大打出手。

赫泽尔却深为凡尔纳担忧、紧张，他可不希望他的作者在大海中遇到什么不测。他一直认为在大海航行是危险而无益的，他劝凡尔纳放弃小船，安心在陆地上生活。

凡尔纳经过深思熟虑，写信让赫泽尔为他放心：

> 请您不要生"圣米歇尔号"的气。这艘小船现在性能良好，它无偿地为我服务。您总是把大海的危险想得过于严重。最近我妻子陪我一起航行过一次，她一点也没有害怕。
>
> 我接下来还要远航到伦敦和瑟堡，甚至可能还会到达奥斯坦德。驾驶我的"圣米歇尔号"航行的时候，我能感受到大海上的许多乐趣！我会记录下这些真实的感受，让每个人都向往海上航行。

凡尔纳认为，想更充分地领略和颂扬大海，最好的办法就是投入大海的怀抱，与它亲密接触。而"圣米歇尔号"无疑是这其中不可或缺的环节。他寻找一切机会在船上度过，他相当长一部分时间都待在船上。

在这许多年里，凡尔纳经常伴着云帆，在大海中航行，并因此积累了丰富的航海知识，成为一名专职的海员。

虽然凡尔纳没有到他作品中的主人公进入的那些国土上去远游，但他的航海本领已经非常高强了，已经能非常娴熟地进行航海操作。除了在亚眠隐居和到巴黎短暂停留之外，他一直在船上生活，在船上进行创作。

"圣米歇尔号"虽是艘渔船，但也许正因为这个缘故，能稳当地进行海上航行，而且看来不算太小，因为1870年他竟能在船上安装一门大炮，用以警戒索姆海湾！这艘船一直被凡尔纳保存至1876年。

凡尔纳后来还拥有了"圣米歇尔2号"和"圣米歇尔3号"。

如愿远航旅行去美国

凡尔纳驾驶着"圣米歇尔号"四方漂流，从布列塔尼海滨到敦刻尔克近海，有时进入荷兰海域，也到过西班牙岸边，间或驶过英吉利海峡。

有一次船到泰晤士河口时，凡尔纳远远看到"大东方号"巨轮，这是当年的一大技术奇迹。这艘有 5 座烟囱、6 条桅杆的庞然大物，活像一座海上城市、一个漂浮的岛屿。

1867 年 3 月初，凡尔纳刚在附近的几个港口航行完，还没等他靠岸，保尔就赶来找他了，他对哥哥说，"大东方号"将开向美国，他们可以乘坐它一起去，只是目前他还有个难题。

保尔说："哥，我遇到困难了。"

凡尔纳一边把缆绳系牢，一边问保尔："什么问题？"

"哦！就是我没有足够我们两个人用的旅行费，那我们还能去得成吗？"

"那算什么困难？刚好赫泽尔前些天给我寄来了插图《法国地理》的稿费，正好派上用场。"

于是，哥儿俩如愿以偿乘上了"大东方号"，"大东方号"是 19世纪技术奇迹，船长 200 米以上；总吨位 18915 吨；时速 13 海里；功率 11000 马力。

保尔有 20 年以上的航海经历，这一次作为一个乘客，最感到无聊。而儒勒则在船上饶有兴味地观察巨轮的航行情况和乘客们的古怪举止，并以此为乐事。他与敷设电缆的人员交谈，了解深海的细节，例如海流、潮汐、潜流等。他还亲自拜访电缆工程的著名建筑者赛力斯·菲尔德本人，双方互相倾慕。

轮船 4 月 9 日在纽约港靠岸，船返回欧洲前，可在美国逗留一周，凡尔纳把这段时间计算成 192 个小时。

此时凡尔纳才发现，自己被这个新世界深深地打动了。于是他们计划参观哈德逊上的大峡谷、伊利湖和尼亚加拉瀑布等。他们住在第五大道旅馆，在百老汇巴西姆剧院看了一场叫《纽约街》的戏。

第二天一大早，他们先领取了邮件，拜访了法国领事，晚上乘坐"圣约翰号"轮船由哈德孙河去纽约州首府奥尔巴尼。"圣约翰号"是一艘庞大的轮船，凡尔纳被它那精致的装饰深深吸引了，船当时乘有 4000 多名旅客。

到了奥尔巴尼，他们参观了一个著名的化石博物馆，随即换乘火车去尼亚加拉。到瀑布去，他还得乘 20 个小时的火车。火车过摩和克大峡谷，远远望见地平线上的安大略湖，这里是库柏的故乡。在罗彻斯特换车后，午夜到瀑布镇，下榻瀑布旅馆。

第二天早晨，兄弟俩就动身去看尼亚加拉大瀑布。

尼亚加拉瀑布把美国和加拿大分开，南岸是美国，北岸是加拿大，当时属于英国。瀑布一侧警察林立；另一侧却看不到一个警察。

他们通过一座桥登上山羊岛，从这个方向观看瀑布壮伟全貌，然后又登上龟塔，俯看瀑布气势：

塔在大瀑布中间，从塔顶俯瞰，那是万丈深渊。你能感觉到瀑布冲击下岩石在颤抖，落水的轰鸣声震耳欲聋。瀑布的飞沫溅到山上，阳光照射着弥漫的水汽，形成一道绚丽的彩虹。

尼亚加拉瀑布是世界奇景之一；大自然把它的美景和伟力都集中在瀑布里面了。尼亚加拉河转弯处，似乎把迥然各异的佳境汇集在一起了。

小岛周边水域雪一样洁白，浪花滚滚；瀑布中央的水碧

绿如翡翠，是无底深潭；靠近加拿大一边的河水，像融化了的黄金在流淌，金光闪闪，水下，透过云雾般的飞沫，依稀可见巨大的水怪，河水正消逝在这水怪张开的大口中。瀑布数百米外，河水复又平静地流淌，河面上浮着在 4 月的阳光照射下尚未完全溶化的冰块。

晚饭后，兄弟俩再次登上龟塔，观看瀑布的夕照美景：

　　落日的余晖已经消失在灰蒙蒙的小山背后，月亮把柔和清澈的光辉洒遍四周山野，宝塔的阴影延伸到深渊的对面。远处河水无声地流淌，河上泛起一层淡淡的雾霭。
　　加拿大一边已夜幕四垂，与月光照耀的山羊岛和尼亚加拉镇，对比鲜明。我们脚下的旋涡，为闪烁不定光线所扩大，形成一个无底深潭，潭底激流咆哮不已，令人悚然。

　　第二天，他们来到加拿大那边的河岸上，他们在那里穿着雨衣在小瀑布的后面散布，这令凡尔纳感到心旷神怡。尼亚加拉大瀑布给凡尔纳留下了永生难忘的印象。

　　在返回"大东方号"之前，哥儿俩还游览了其他一些地方。原计划进行 10 天的旅行，但他们却耽搁了 14 天。4 月 16 日从纽约港返航，一路上，他们受到了旅客们的热烈欢迎，保尔还多次应邀展示钢琴技艺，他弹奏的《马赛曲》颇受推崇。当分别的时候，船上的旅客们都纷纷举杯祝福。

　　12 天后，"大东方号"到达了法国的布雷斯特港。兄弟俩下船后，他们在海军基地当指挥官的妹夫前来迎接他们。两周后返回克罗托伊，合家团聚。

　　凡尔纳的美国之行就这样结束了。

创作《海底两万里》

从"大东方号"起航出发的时候起，凡尔纳便打算写一部游记。他在接近美洲海岸的时候写给赫泽尔的一封信谈到，"因遇到的事件和不幸发生的事故太多"，他相信"关于'大东方号'的书将比他原先所希望的更为丰富。"

他弟弟保尔承认，从未见过这么凶猛的大海，"'大东方号'虽然体积硕大，却像一根羽毛那样在海面上漂荡，船首被卷走了，这实在吓人"。他"为剩下的日子准备了激情"；但他似乎感到欣喜万分，他说："啊！大海，多么令人赞叹！"

凡尔纳向"大东方号"敷设海底电缆的人员详细打听，不厌其烦地询问各种情况，了解各种数据资料，水手们为凡尔纳讲述他们在海上的经历，以及亲身跨洋旅行的体验，都为他有关海底航行的新小说提供了更多的素材。

第一次远洋旅行，不仅满足了凡尔纳多年的夙愿，而且大大地增强了他探索世界奥秘的渴望和信心。

1867 年春，凡尔纳开始了新小说的初稿写作。其他有些章节早在"圣米歇尔号"上就完成了。在旅美途中"大东方号"上，便为创作做最后的准备。

创作《海底两万里》的念头，或许是由女作家乔治·桑的提议引起的。凡尔纳将自己的《哈特拉斯船长历险记》、《格兰特船长的儿女》两部书给她看，她知道凡尔纳想完成一系列的冒险小说，就在给凡尔纳的信中说：

我唯一的遗憾是，读完这两本书，没有另外 10 本书供我阅读。希望你不久将把我们带到海洋深处，你应当让你的人物乘坐一艘潜水船在海底旅行。你的想象力和知识一定能把潜艇设计得很完美。

潜水艇的发展历史漫长久远，又曲折复杂。据记载，在公元前 200 年，马其顿国王亚历山大就有过制造潜水船只的构想。古代的潜水船只是构想、纸面上设计或简单物件拼凑。

真正设计、制造潜水船只是工业革命以后的事情。1660 年，第一艘潜水船恰恰在英国诞生。此船供王公贵族、达官显贵潜水取乐，并无实际意义。

1776 年，美国人大卫·布什内尔为了进行战争，即美国独立战争而制造出世界上第一艘金属潜艇。此后，近 60 年间直至 1869 年《海底两万里》问世为止，据统计至少有 25 艘以上潜艇制造出来或试验成功。

1863 年，法国海军上校西蒙·布尔诺设计由海军部投资、著名技师夏尔·布伦承建的"潜水鸟号"潜水艇下水。这是第一艘用新技术、新材料建造的潜艇，船体巨大，重 410 吨，船长 42 米，宽 6 米，高 3 米，80 马力空气压缩机为动力，12 名水手操纵。

1865 年，在罗什弗尔试验的首航过程中，指挥塔玻璃窗下陷，海水注入舱里，改装后秋天再度下水，但浮力为零。潜航时，起伏不定，颠簸不止。后加一个立式螺旋桨，仍不能保持相对深度。1866 年停止试验。

1867 年，潜艇曾在巴黎博览会展出，凡尔纳在展览会上仔细观察了潜艇，研究了潜艇结构和关键部件，这给他以直观印象和灵感，使他的"诺第留斯号"的设计和制造更为完善。

凡尔纳曾经详细地跟保尔探讨过这艘幻想的船只的特点。他的

"诺第留斯号"比已经发明出来的潜艇要完善得多，但这终究不是他的主题：这只不过是实现他的海底探索的手段，而对他的主人公尼摩来说，也不过是要成为征服大海的天才的手段。他将这只钢铁纺锤描写得无比引人入胜，以致将读者的注意力完全吸引住，使读者对它比对旅行和尼摩更为关心。

1867 年初夏，"圣米歇尔号"游艇在索姆河口附近的法国近海海岸上，时而北上，时而南下，四处漂荡，但船甲板上始终不见凡尔纳船长的身影。此时他正在躬身坐在狭小如囚室的船长室里伏案写作，草稿逐日增高。

尽管凡尔纳付出了"像苦役犯一般的劳动"，但他在 8 月底并未能将《海底两万里》的手稿提交给赫泽尔。虽然 7 月底便写完了，但他必须重写，而主要的困难是要将不真实的事情变得真实。

同时，凡尔纳请他的插图作者里奥先生根据"潜水鸟号"的模型画出了他小说中"诺第留斯号"的草图。

《海底两万里》采取开门见山的手法，首先向读者介绍了一个意想不到的事实：

> 1866 年所发生的神秘离奇的怪事，无疑许多人迄今记忆犹新。这种怪事，特别在航海人员中间引起了强烈不安……事情是这样的，最近以来许多海员在海上遇见一个庞然大物，像一个长纱锭，在黑暗中发出磷光，其体积比鲸鱼大好多，其行动速度使人惊愕不已。

凡尔纳在构思小说的时候，仅仅出于向往大海，眷恋大海，一直想写一部新的鲁滨孙漂流记，塑造一个新时期的鲁滨孙式的人物，然而在创作过程中，在他塑造尼摩这个人物的同时，反过来也受到了尼摩高大形象的影响，为尼摩的命运日夜悬心，受到他崇高理想的鼓

舞，被他高尚的情操所感动。随着作家与尼摩相处日深，两年间亦步亦趋，形影不离，使作家大大突破了原来构思的狭小天地。

既然尼摩的高大形象一直在他的脑际徘徊，他怎么可能只满足于塑造一个鲁滨孙式的人物呢？他热情地爱着大海：

> 海是包罗万象的。海的气息纯净而卫生；海之为物是超越的、神妙的生存之乘舆；海是动，海是爱。

但他接着又说：

> 海不属于压迫者。在海面上，他们还可以使用他们的暴力，在那里互相攻打，在那里互相吞噬，把陆地上的各种恐怖手段都搬到那里。
>
> 但在海平面9.06米以下，他们的权力便达不到了，只是在海中才有独立！在海中我不承认有什么主子！在海中我是完全自由的！

凡尔纳对水下的生活，海底丛林和海床的珊瑚王国作了令人难忘的描写。同时他也写到，在大西洋里，尼摩船长他们亲眼目睹了亚特兰提斯岛的沉没。

当尼摩船长在印度洋珊瑚岛礁中从鲨鱼口中救出采珠人之后，说到他在海底收集沉船的财宝：

> 我知道陆地存在着无边的苦难，存在着被压迫的民族，有灾祸不幸需要资助，有流血牺牲要求复仇。难道您还不明白吗？

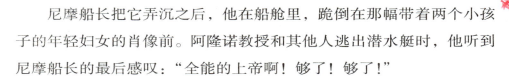

尼摩船长把它弄沉之后，他在船舱里，跪倒在那幅带着两个小孩子的年轻妇女的肖像前。阿隆诺教授和其他人逃出潜水艇时，他听到尼摩船长的最后感叹："全能的上帝啊！够了！够了！"

而在小说中，当尼摩船长发现他用船首冲角撞翻的那艘战舰沉没的时候，他是在反对压迫者，而且显示出他是一个"可怕的裁判执行人，是真正的仇恨天神"。

当赫泽尔发现尼摩这个人物和他那深仇大恨时，他曾大吃一惊。凡尔纳想尽可能磨掉尼摩船长的一些棱角，试图平息他这位敏感的朋友的激动。在从克罗托伊发出的一封信中，他答应抹掉"结尾部分尼摩对阿龙纳斯厌恶，取消尼摩在注视着那艘战舰沉没时所表现的那种仇恨态度，甚至不让他去观看这次沉没"。

这样反复修改后，尼摩已变成一个永恒人物，因为他不仅是一个人的形象，而更重要的是代表人类；他的冒险活动正是人类为寻求重要的带普遍性问题的答案而进行的冒险，而绝非一个人为寻求解决微不足道的个人问题而进行的冒险。

他说："直到生命的最后一息，我始终站在受压迫人民的一边；每一个受压迫者，过去、现在和将来都是我的亲兄弟！"

小说的结尾，尼摩船长和他的潜水艇一起消失在罗弗敦群岛中的一个小岛上。阿隆诺教授等人都活了下来，而他们不知道尼摩船长是否也还活着。

本来定稿在5月份业已完成，因为与出版商意见不一致，他们之间只好反复讨论、争论，又多次改动，一直到8月末才最后定稿。1868年金秋季节，一个秋高气爽的日子，凡尔纳船长驾驶"圣米歇尔号"游艇，溯塞纳河而上，抵达巴黎市中心艺术桥边码头登岸，受到数千名巴黎市民包括一些名流的热烈欢迎。

在这之后，尼摩船长一直是个谜，人们等待着凡尔纳把结果告诉大家。可是一部作品的伟大之处就在于它的不确定性的结果。那可以

让读者发挥自由想象的空间。凡尔纳希望在每一个读者心里都有一个尼摩船长。所以，他并不急于揭晓答案。

直到1875年，凡尔纳为了满足读者和自己对续集的强烈渴望，才在续集《神秘岛》一书中这样写道："多年以来，他一直和外界隔绝。后来，他的同伴相继去世，他自己也渐渐老了。最后当只剩下他一个人时，他把'诺蒂亚斯号'开进了一个岩洞。这时他已经60岁，无依无靠，不想再航海，只想静静地度过自己的余生。可是遇到了一群年轻的'殖民者'，他帮助了他们许多，只留给了他们一箱东西，最后随'诺蒂亚斯号'一起沉入海底。"

人们这才找到了答案。

战火淬炼

凡尔纳感觉自己的心在流血。他从未感到对法兰西如此热爱……

——凡尔纳

经历战争和国内革命

拿破仑三世自从 1851 年 12 月 2 日发动政变执政近 20 年以来，已经到了穷途末路。由于他昏庸无能、倒行逆施，人民的愤怒情绪到了一触即发的地步。

杰出的工程师斐迪南·德·雷塞布于 1859 年至 1869 年 10 年间因完成横断亚非大陆、沟通亚非欧三大洲水上交通的伟大工程苏伊士运河，受到世人称赞，并获得法兰西帝国的勋章和勋位。

斐迪南·雷塞布受奖之后，旋即由他提出，批评家让·雅克·韦斯和出版家皮埃尔·赫泽尔赞助，内政部长埃米尔·奥科维耶接受，呈国王批准，授予儒勒·凡尔纳法兰西帝国大十字勋章和勋位。

雷塞布一番好意。但是，凡尔纳与拿破仑第三势不两立，怎能接受双手沾满共和派革命者鲜血的暴君的奖赏呢？此时，凡尔纳处于两难境地。接受还是拒绝？由于时局的突变，使他处于无可选择的地步。

拿破仑三世为了拯救他那摇摇欲坠的宝座，巩固在国内的统治，竟贸然于 1870 年 7 月 19 日对普鲁士宣战，妄图称霸欧洲。

宣战当天，皇上的军机谋士们诓骗皇上，说各路军队待命进攻普鲁士，把战争引向境外。但接踵而来的，不是催军饷，就是催弹药，再就是武器不足和兵源不满。

甚至有的军团司令到职后找不到部队；大炮与炮弹不对口径；有的部队没有流动食品车等，到处一片混乱。

战争在激烈进行，法军节节败退。宣战后不足 50 天，9 月 2 日，拿破仑三世和他的嫡系麦克马洪元帅军团即在法国东北部色当向普鲁

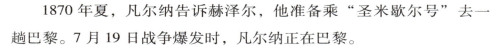

士军队俯首投降。

1870年夏，凡尔纳告诉赫泽尔，他准备乘"圣米歇尔号"去一趟巴黎。7月19日战争爆发时，凡尔纳正在巴黎。

8月份，普鲁士军队如入无人之境，长驱直入法兰西腹地，法军在博里、雷诺维尔和圣普瓦里连遭败绩。

8月13日，凡尔纳回到克罗托伊，已经42岁的凡尔纳也被征为后备役军官，奉命保卫索姆湾以抵御普鲁士人入侵。他的装备和人员是他的"圣米歇尔号"游船、12名参加过克里米亚战争的老兵、3支火枪和一门老掉牙的大炮。其间，他写信给赫泽尔说：

> 不管发生什么事，没有什么能将我们分开。但这种可怕的局面实在太紧张，决不能再持续下去了。要是巴黎能顶得住，普鲁士人也将不得不接受和平，因为冬季对他们的确不利。再说，倘若他们不至少夺取一个炮台，他们是无法轰击巴黎的，而这些炮台一直被认为无法攻破。不！除非有内奸策应，否则他们必定难以攻占巴黎。

> 外省都希望实行自卫。但武器，他们需要武器。这里，一件也没有。在南特，一个400人的连队仅有15支击发步枪。国民自卫军在各处组织起来了，但我再重复一遍，各处都缺乏武器。

凡尔纳指挥官在海岸巡逻，总是小心翼翼的，不敢跨越雷池一步，不敢接近比利时近海。万一比利时参战，他们就可能被俘。同时，在9月份，凡尔纳看到法军连连败退，普鲁士人一路烧杀，如入无人之境，就赶紧把奥诺丽娜和孩子们都送到亚眠，与外亲同住。家属在大城市里，危险系数小些。他给父亲写信说："普鲁士人养成一种焚烧、劫掠村镇的恶习，最好不要让女人待在那些地方。"

9月19日普军完成对巴黎的包围，卢瓦尔军团撤退南方。10月27日巴赞元帅在梅斯投降。1871年1月28日法国投降，普法签署停战协定。

在战争这4个月间，有近10万巴黎人被活活饿死，其中包括凡尔纳的表兄，那位天才的数学家亨利·加塞。在最困难的时候，人们杀死动物园的野兽分食，甚至不少家人去抓老鼠充饥。

在巴黎被围困的4个多月期间，共有66只气球飞出城，其中58个气球带着鸽子和狗，它们再将复信带回。这个行动的组织者是凡尔纳的好友纳达，他俩进出巴黎，并与普鲁士人的气球在空中遭遇，双方发生激战，用卡宾枪对射。或许这是世界战争史上的第一次空战。飞离巴黎的气球中，有一只飞行14小时40分，行程3133英里。

丧权辱国，山河破碎，凡尔纳感觉自己的心在流血。他从未感到对法兰西如此热爱，他极端珍视祖国的荣誉，他爱那阳光灿烂南方海滨，爱那北方山峦叠嶂的多雾边陲，他爱祖国的山川草木，热爱祖国的每一寸土地。他爱生他养他的故乡南特和具有异国情调的维多岛；他爱法兰西心脏巴黎，他在此度过青春年华，在这里尝尽人间五味，在这里获得世界荣誉；他爱香槟平原、丘陵起伏索姆河口和古老幽深的亚眠城。今天，普鲁士军队士兵的皮靴踏在法兰西——母亲的胸膛！

凡尔纳赶到被普鲁士人占领的亚眠去看望奥诺丽娜。他跟普鲁士人相处了3天，他写信给父亲说：

> 我们家住了4个普鲁士人，他们都觉得这个家不错，我自己是这样认为的！他们在自己家里肯定不会这样吃，我们给他们煮了许多米饭，尽管让他们吃得饱饱的，这样倒没那么碍手碍脚。他们是第六十五战列旅的兵士。此外，对烹调十分在行的奥诺丽娜将一切都安排得妥妥帖帖。

我已经返回克罗托伊，这是我无法长期远离的合法家室。巴黎是一座英雄的城市，但在出现物资匮乏之前能否取胜？我们对巴黎和卢瓦尔军团的事不大了解，卢瓦尔军团肯定已经撤退很远。

1871年2月17日，保皇派奥尔良党首梯也尔出任政府总理，2月28日议和，法国割地、赔款，引起全法各阶层的强烈不满。1871年3月18日，代表社会主义的巴黎公社成立，与凡尔纳素有交往的格鲁塞担任公社委员，作为对外关系的代表，领导公社的外事工作。

正当全体公社人员和市民庆祝公社诞生时，梯也尔军队在叛徒指引下，通过德意志军队阵地奇袭蒙马特尔高地，夺取417门大炮，并逮捕国民自卫军委员会成员，从而引发了内战。

公社战士坚持作战18天，最后，梯也尔受到各国政府和资产阶级、特别是德军的支持，取得胜利，公社失败了。从1871年4月4日停止战斗后，"流血的一周"开始了。

梯也尔与他的反动军官、兵痞和警棍，在德国人面前，不堪一击，不是举手投降便是抱头鼠窜，可是在本国平民百姓面前，变成了舞刀弄枪的"英雄"。

巴黎上空硝烟弥漫，市政大厅被炮火炸成残垣断壁，几乎夷为平地，没有窗棂的空窗口，像一个没眼球的瞎眼，呆视着前方，周围房屋墙壁弹痕累累，马路上血迹斑斑连成一片，战死者和处死者尸横大地，或以无神的眼睛，仰望苍穹。他们是面向大地诉说心中的遗恨吧？还是仰望苍天、期盼一个美好的明天？

枪炮轰鸣之后，显得死一样寂静，搅动过后的空气似乎凝结了，使人感到压抑得窒息。夜风吹燃了即将烬尽的火苗，跳跃不定的火舌照出了从兵营门槛下流出来的血泊。

公开杀人的"流血的一周"终于结束了，但死神仍到处逞凶肆虐，不过披上了一层合法的外衣。

所有发生的一切使凡尔纳感到触目惊心，在他给父亲的信中说：

看着生命怎样在废墟中再次恢复活力，真是不可思议，令人难忘。您看到了画家多米埃在《喧哗》周刊上的那幅使人毛骨悚然的插图吗？死神打扮成牧羊人，在塞纳河畔草地上的鲜花丛中，吹着牧神的洞箫，每一朵鲜花都是一个骷髅。

凡尔纳的好朋友，巴黎公社的重要成员莱克吕作战被俘，后来，莱克吕被法院判处终身监禁。他虽身陷囹圄，仍孜孜不倦撰写他的《世界地理》的续卷。格鲁塞因为是公社领导，被判极刑，所幸他后来成功逃脱了。

1871 年 5 月 21 日，凡尔赛军重返巴黎，当天互换和平条约批准书。首都的生活在缓慢而又艰难地恢复它的进程。

6 月份，凡尔纳跟弟弟第一次返回巴黎，并向赫泽尔汇报说，他们"参观了这些令人伤感的废墟……您居住的那条雅各布街得以幸免于难。我看，这条街只受到一点轻伤。但邻近的利尔街，实在毁损不堪，惨不忍睹"！

凡尔纳看到，巴黎已经疮痍满目，好友们很多不是远离巴黎，就是离开了人间，他的心情格外沉重。什么也干不成，连作家也不想当了。

1871 年 11 月 3 日，凡尔纳的父亲皮埃尔老先生突然中风。凡尔纳闻讯后，立即起程返回南特老家。回想 1847 年第一次来到巴黎，整整 25 年过去了，他从一个 19 岁青年到如今的不惑之年，国家已几次改朝换代，经历两个共和国一个帝国。

岁月荏苒，人世沧桑。他当年乘坐的邮车和小火车，早已被历史

淘汰，如今火车一直通向尚特内。

皮埃尔中风发病几小时，就永远闭上了双眼，带着众多遗憾、牵挂和满足，在妻子儿女面前撒手西去了。这位饱经世事的老先生至死都不失尊严，他就像一位走过漫长的人生道路、完成人生的重任后离去的使者那样，肃穆、庄严。

使老人满足的是，几十年律师生涯一直秉公守法，从未徇私枉法；他把子女培养成人，最使他不放心的长子终于成为名人。遗憾的是他临终前未与他谋面，还对长子的信仰表示怀疑。如今，老先生带着这一切永远地离开了人世。

在尚特内，那幢宽敞舒适的别墅显得那么忙乱，失去了昔日井井有条的宁静。看来，支撑偌大家庭秩序的顶梁柱倒了，这里的一切再也不能恢复昔日旧有的面貌。母亲索菲面带哀容，目光呆滞，已经乱了方寸。许多认识和不认识的人，穿梭进出，来去匆匆。这个家无法再继续下去了，母亲决定迁回南特卢梭街那座老宅。

这些年来，南特已成为巨大的商埠，更为繁华喧闹，维多岛也旧貌换新颜，已经很难找到童年的回忆。只有尚特内还能使他与故乡保持唯一的联系，但尚特内别墅将易新主。别了，故乡！别了童年和童年的梦想！

凡尔纳想到自身的处境，自然又想到莱克吕他们的命运。他得悉格鲁塞由死刑改判终身流放，米歇尔未被立即处死，他们被流放到法属圭亚那，即法国的海外省。那里的恶劣环境，必然毙命无疑。

凡尔纳在这短短的一年多时间内经历了这么多的事件，渐渐地对于他坚信科学能拯救人类的理想也丧失了信心，而他又缺乏迎接明天挑战的勇气。

巴黎，凡尔纳的第二故乡！他在这里苦斗了整整 25 个寒暑。这里有他的粉颈和红颜、孤独和寂寞，也有他的恐惧、彷徨和失意，还有成功和荣誉、鲜花和笑脸。

　　巴黎，这灯塔城，这个古老又年轻的城市，它宁静祥和又纷争喧闹；它婀娜绰约又狰狞恐怖；它华贵壮美又血腥残酷；它永远保持着这种经久不衰的多彩生活。

　　如今，这一切都过去了。

　　凡尔纳处理完毕巴黎的事务，准备去亚眠定居，已是隆冬季节，岁月已悄悄跨进 1872 年。当他步入车站广场时，科克旅行社巨大广告牌首先映入眼帘，鲜艳夺目的广告与阴冷萧索的街景，是那么不协调。

　　凡尔纳在车厢落座后，想起 15 年前初去亚眠的情景，恍如昨天。如今，再操笔写作，已缺乏应有的锐气了，他写什么呢？

　　列车启动了，凡尔纳回眸眺望，万家炊烟渐渐地遮住了城市轮廓，接着最后的灯火也慢慢地消失在阴冷冬夜的暗灰色的夜幕之中了。

在亚眠过起隐士生活

亚眠是一座偏僻而宁静的小城。

当凡尔纳登上科学幻想小说的高峰、享誉全球的时候，他却毅然地告别他奋斗了 25 年的巴黎，悄然地隐居在亚眠。

1874 年，凡尔纳定居亚眠后不久，便购置了一幢住宅，它坐落在朗格维尔街 44 号。这是一幢三层楼房，附有一个圆柱形塔楼。院子四周是高高的坚固围墙，宽敞的庭院，有一条长廊，廊壁上镶着大玻璃，直通客厅。

楼后是一个小花园，几棵高大的老榆树沿围墙依次排列，还有修剪整齐的树丛和几个花圃。每逢春夏季节，园内百花争艳，蜂飞蝶舞。

住宅靠着朗格瓦尔大街的一侧有 3 排 5 扇窗户，在边上还有 3 扇，最后 3 扇则是在夏尔－杜波瓦路上，位于这条街的入口处停放着马车。面朝朗格瓦尔大街的窗户俯临着如画般朦胧，有着古老教堂和其他中世纪建筑的亚眠城景致。

就在房屋的正前方，大街的另一端，一条铁路线正对着凡尔纳的书房窗户，延伸并消失。在远处一个有着大型露天音乐广场的游乐场地。晴好的天气里，团乐队便会在那里演奏。

如此的组合，使人不由得想起了这位大文豪作品中一个鲜明的特色：疾驰的煤车，间杂着极富现代感的轰鸣声呼啸而过；而一旁则是浪漫的音乐奏鸣。这正是将产业科学与生活中最富浪漫主义的插曲完美结合的凡尔纳的小说所独具的风格！

1882 年，他又迁到距朗格维尔街 44 号约 200 米的夏尔－杜布瓦

街一幢更宽大豪华的独立住宅。凡尔纳的后期作品大部分在此完成，许多来访者都在此处拜会他。

一面高墙沿查尔－杜波瓦路而立，将路人与凡尔纳家的庭院和花园隔开。当有人摇响那狭小入口一侧的铃后，大门伴随着洪亮的铃声被开启，此时你会发现自己置身于铺有石板的中庭里。

向左边，可以看见一个栽种着长势优良的树木的宜人花园；访客沿着足有正门宽的台阶而上，穿过一个种满鲜花和棕榈的、实际上作为前厅的温室，进入会客厅。

一楼客厅布置得颇有气派，室内陈设当年流行的豪华风格的沉重家具，这里的主人是奥诺丽娜。摆放有大理石雕像和青铜器，悬挂着暖色调的帷幔，另有几张极为舒适的软垫椅——它的主人想必生活富裕闲适，只是没有任何的个性体现在其中。另外，看上去它很少被使用，而事实正是如此。凡尔纳先生和夫人都是十分简朴的人。

这间屋子他们绝不张扬，只求高效顺心。除了在举办晚宴或是家庭聚会时，毗邻的大餐厅也极少被光顾。凡尔纳和奥诺丽娜只是在厨房边上的一间小小的餐室享用他们简单的饭菜。

访客从庭院中，一定会注意到位于房屋角落的一座高塔。塔中的螺旋阶梯通往上面的楼层，它的最顶端是凡尔纳先生的私人空间。一段铺有金色镶边地毯的过道，如旋梯般引导你与地图和航海图擦身而过，来到边上的摆放着有素色床架的小房间。里面一张上面整齐码放着稿纸的小桌子倚着一扇凸窗而立。

二楼大厅是凡尔纳的图书室，藏有数千册供他写作和研究用的书籍，以及他的作品的各种语言译本。他的笔记和卡片资料，有25000份以上，按照主题有序地排列在依墙而立的分类书架上，以便随手可取。

小壁炉的台架上立着两尊塑像，一位是莫里哀；另一位是莎士比亚。塑像上方挂着一幅描绘那不勒斯海湾汽艇的水彩画。凡尔纳正是

在这间屋子里进行创作的。

隔壁的大房间里面，几列被塞得满满的书架在天花板与地毯之间矗立着。四周墙壁悬挂大科学家画像，还有古希腊诗人荷马和罗马诗人维吉尔以及蒙田、莎士比亚、司各脱、库柏、爱伦·坡、狄更斯的作品。

图书室后面是凡尔纳的卧室兼工作室，有人说"好像是个单人牢房"。对着大教堂的窗前放着一张朴素的大方桌，一把靠背椅，顺墙放着一张单人铁床。墙上是莫里哀和莎士比亚的画像，还有一张"圣米歇尔号"游艇的水彩画，此外别无长物。图书室以外便是奥诺丽娜的"领地"了。

无论在朗格维尔街还是夏尔·杜布瓦街住宅，凡尔纳依旧保持着简单又朴素的生活，工作环境也极为简陋。他在亚眠的生活，除工作和休息之外，很少有其他的生活情趣。无论春、夏、秋、冬，清晨5时起床，吃一点早点，便开始写作。早9时，吃早餐，到中午这段时间，一般用来整理草稿，处理书信往来和接待客人。

每天，当航海大钟敲响，预报午时的到来，凡尔纳就会拿起礼帽，外出散步，拐过十字路口，步入巴黎路，那里有一座中世纪修建的巴黎门；而后进入雨果街，前面是14世纪哥特式建筑即宏伟壮丽的亚眠教堂。

翘首远望，索姆河犹如一条银色的宽带在阳光下跳跃泛光。在亚眠城下不远处，索姆河与阿维河、塞纳河汇合，形成了有无数条支流的河网地带，很像凡尔纳童年时代南特城下卢瓦河岸。

这个只有80000人口的偏远小城，贸易和天鹅绒工业发达，像其他法国城市一样，教会和社交也很活跃。城里有两个协会，一个是亚眠学会，凡尔纳是会员；还有工业协会，是工业家的组织。工业协会有一个不错的图书馆。

凡尔纳是这里的固定读者，享有专座，那是一把大转椅，夏天靠

窗边，冬季贴近壁炉。当时针指向 12 时 30 分，凡尔纳打开记事本，边阅读边做记录；先阅报而后查阅杂志和学会报告。下午最迟不超过 17 时，便打道回府。

凡尔纳每周两次参加亚眠学会会议。学会创办于 1750 年，是庇卡底省最古老的学会之一。他偶尔也陪同奥诺丽娜去亚眠最有名的饭店，喝喝咖啡，或者看戏。但这是极难得的例外。凡尔纳婚后养成早睡早起的习惯，17 时进晚餐，20 时或 20 时 30 分便就寝了。

每逢有客人来访，奥诺丽娜总会几番上楼催促他："儒勒，发发慈悲，快下楼吧！从远方来的客人，正在楼下等你！"

凡尔纳多半回答说："我去有什么用。没有我在，你们谈得更自由一些。"这意味着，他正进入了创作状态。

但有一次，意大利作家阿密齐兹专程从罗马来到亚眠拜访凡尔纳，他后来撰文回忆这次难忘的会见：

在一条洁净、僻静的街道的一幢院落门前，敲开大门后，通过一条玻璃长廊一直来到一间宽敞明亮的客厅。凡尔纳先生迎上前来，表示欢迎。

看上去，他倒像一位退役将军或省长，更像一位数学家，而怎么看也不像作家。如果不认识他又不在家里会面，肯定认不出来。他那严肃而专注的目光很像意大利作家威尔第。

凡尔纳的神情和语言充满艺术家的特有艺术魅力。他平易近人，诚恳坦直。整体来说，他给你留下一个思想深邃、质朴纯情的印象。他的穿着、谈吐和举止，表明他是一位谦和宽厚、性格内向的人。

当我倾听他谈论自己的作品的一席话时，使我确实惊诧不已，他对自己了解得那么透彻，作出那样理智和公允的评价，好像是在评论别人的作品。

当阿密齐兹问凡尔纳："这种刻板、禁欲主义的生活方式，对一个人、尤其对您这样一个享有世界荣誉的大作家来说，您不觉得无法忍受的枯燥、单调和乏味吗？"

凡尔纳却并未觉得有什么不好，反而认为这种生活是他的最理想的生活条件，因为创作就是他的生命，他回答说："我需要工作，工作就是我的生命的全部意义。当我不能工作的时候，就形同行尸走肉，也就失去了生存的价值。"

还有一次，英国记者玛丽·白乐克来到亚眠，专门采访了凡尔纳。

玛丽一按门铃，在缠绕覆盖着常春藤的墙上，有扇小门打开了。开门的是一个上了年纪、外貌和善的保姆，她领着玛丽沿着一条小道进了屋。小道两旁是一些古老建筑物，旁边有个小钟楼，同大家常在法国农村的房子旁所见到的一样。

玛丽趁机迅速地瞟了一眼凡尔纳的花园和点缀着圆形花坛的草地。虽然时值秋季，但到处都显得干净整洁，在凡尔纳每天散步的那条石子小道上，没有一片枯叶。一个用黄石砌成的石阶通往前厅，两旁种植着棕榈和花草。

玛丽在会客厅里边稍等片刻，主人夫妇就来了。

第一眼看去，凡尔纳的外貌并不是人们想象中的大作家那样。更确切地说，他像一个有教养的乡村绅士，尤其是他身着一身黑色衣衫，同教书人的穿着习惯一模一样。他的衣服扣眼上别着一枚红色荣誉勋章。

凡尔纳非常谦虚，看来他不打算谈他的著作和他自己的情况。多亏有奥诺丽娜在场，否则对于凡尔纳的文学生涯和工作方法，玛丽就更不得而知了。

　　凡尔纳最后终于决定回答玛丽的问题，他说："我记不得我什么时候希望成为一个作家的，可您不久就会明白，我的创作生涯并不是一帆风顺的。您知道，因为出生在南特，所以我的籍贯是布列塔尼。但是我父亲所受的教育和养成的爱好都是巴黎式的，他热爱文学，是他那个时代的一位诗人。出于谦逊，他不愿发表自己的诗歌。因此我的文学生涯，大概是以作诗开始的。"

　　接着，凡尔纳又开玩笑地微笑着说："同许多我的同辈人一样，我写的诗是五幕悲剧式的。"

　　"我向来对戏剧和一切有关戏剧艺术的东西都感兴趣。我的好几本小说都被搬上了舞台，它们的演出，特别是《米歇尔·斯特洛果夫》获得了成功，我感到这是我的创作生涯中最大的快乐之一。"

　　"由于找不到更适当的词语，大家便把我的作品叫做科幻小说。有人常常问我，是什么原因促使我去写它们的呢？我一向喜欢地理，如同那些专门从事历史研究的人一样。显然是我对地理知识和对地球的重要探索的兴趣，促使我写了一系列有关地理的传奇故事。"

　　"当我创作我的处女作《气球上的五个星期》时，我选择非洲作背景，原因很简单，因为它是最闭塞的一块大陆，并且我觉得，能够对它进行探索的最巧妙的办法就是乘气球。我写这本小说时满怀激情，尽可能广泛收集资料，力求使内容达到真实、准确，以后我写其他书时也是如此。"

　　玛丽深感兴趣地问："直至成名以前，您度过了一段忧虑的时间吗？你的小说很快就在法国和外国受到欢迎吗？"

　　"是的。"凡尔纳谦逊地回答，"《气球上的五个星期》是我的最受人喜爱的小说之一。当这本小说问世时，我已经是35岁的人了。那时我结婚已经8年。"他一边加上这后一句，一边做着殷勤的姿态，转脸向着奥诺丽娜。

　　玛丽接着问："您对地理的爱好，没有过分分散您研究其他科学的精力吧？"

"我从来也没有把自己视为科学家，但是，能在有卓越发明创造的年代降生于世，我感到十分荣幸。"

"您也许知道"，奥诺丽娜这时自豪地插话说，"我丈夫的许多曾被别人看做是不可能实现的科学幻想，如今都已变成了现实。"

"别这么讲，"凡尔纳大声说，"那是偶然巧合罢了，可能是由于我在虚构科学幻想故事的时候，努力做到尽可能朴实、逼真的缘故。至于我为什么描写得如此准确，那是因为我在开始写小说以前很久，就养成了从书报上、从各种科学杂志上大量摘录资料的习惯，并根据内容进行了分类，便成了我的百宝库。"

"对我来说，它有着不可估量的价值。从那以后，我订阅了 20 来种报纸，我是一个对科学刊物十分勤奋的读者，自然，我对各个科学领域，如天文学、生理学、气象学、物理学、化学上的发明创造，都无所不晓。"

玛丽提出一个广大读者都一直充满疑惑的问题："是广泛的阅读使您产生了撰写小说的灵感呢？还是您独自想出来的呢？"

凡尔纳想了想说："我无法把使我构思一部小说的原因告诉您。有时是那件事情，一部小说在有机会成文之前，我往往要构思好几年，我当然可以回忆起我的好几本书的构思情形。"

玛丽又接着问："先生，我觉得您与许多法国作家不同，专门在英国或其他国家中选择您的主角。"

凡尔纳谦虚地说："的确如此。当书的内容涉及科幻奇遇，我便把英国人看做最理想的主角，我敬佩英国民族的品德，因为她把国旗插到了世界如此广阔的土地上。"

玛丽大着胆子对他说："您的故事与您的同行们写的有很大差异，即美女在您的作品中占着微不足道的位置。"

奥诺丽娜向玛丽示意，表明她也有同感。

凡尔纳笑着说："我完全否认这一点，请您数一数我的小说中所有风雅的少女吧！当需要女性进入角色的时候，总是写上了。"

然后他又微笑着说："爱情是一种使人神魂颠倒的感情，它在人的心里，不与其他感情共存。我的主角都需要发挥他们的全部才干和力量，而且在他们身边要有一位年轻迷人的女人，常常妨碍他们实现自己的宏伟计划。此外，我一直坚持把我的小说毫不犹豫地送到青年人手里，我力求避免描写那些不宜让青年小伙子同他们的妹妹一起阅读的场面。"

"只要您告诉我您所读的书，我就能判断您是什么样的人。"凡尔纳的一生便是对这个古老格言的雄辩的说明。他藏书绝不是为了装点门面，而是为了需要，其中有几部是他经常使用的书，如荷马、维吉尔、蒙泰涅、莎士比亚的著作，都已成为他精神上的朋友，他把它们看得比自己的生命还要珍贵。

库柏、狄更斯和瓦尔特·司各特的著作也是他经常查阅的书籍。此外，许多英国新小说在他的书房里也占有重要位置。

凡尔纳兴冲冲地说："这些书向您表明，我对大不列颠有着真诚的爱。我生平酷爱瓦尔特·司各特的著作，在大不列颠群岛上的旅行我永远也不会忘怀，而我最快乐的时刻是在苏格兰度过的。我仿佛又见到了风景如画的美丽城市爱丁堡，见到了海格兰兹—索纳群岛和荒凉的赫布里底群岛。对于一个瓦尔特·司各特作品的忠实读者，只有在苏格兰这块地方，才能领略到这位名作家作品的意境。"

"伦敦给您留下什么印象呢？"

"好印象，我把自己看做塔米斯河的崇拜者。我认为大河是这个不平凡的城市独有的特色。"

"我想问问您对我们英国儿童读物和探险小说的看法。您知道，英国在这一文学领域一直处于领先地位。"

"是的，的确如此，尤其是因为出了老少都喜爱的《鲁滨孙漂流记》这部经典作品。但是我要告诉您，我更喜欢瑞士的鲁滨孙，这也许会使您不高兴。人们完全忘记了鲁滨孙和他的仆人星期五这段故事是取材于另一部七卷著作。我认为这部著作的伟大功绩在于它是第一部探险小说。我们大家都创作过各式各样的'鲁滨孙'，但是，问题在于要弄清楚，这些'鲁滨孙'是否在他们的范本没有问世的情况下就问世了。"

玛丽继续追问："您对于我们英国的其他探险小说家的评价如何?"

"遗憾，我只有在这些著作被译成法文后才能阅读。我向来对库柏的作品百读不厌，其中某些小说值得流传后代。我不懂英文，因此对于麦伊纳·雷德或罗伯特·路易·史蒂文森的作品，并不像我所希望的那么熟悉。我津津有味地读过他的《宝岛》，我有一本很好的法译本。每当读起它，就好像我自己也具有清新的文笔和丰富的想象力。

"我还未告诉您，在英国作家中，我视为鼻祖的是故事之王查理·狄更斯。我认为《大卫·科波菲尔》的作者具有多种写作才能：文笔诙谐、构思巧妙、描写生动，所写的故事情节扣人心弦。如能真正学到其中任何一种，就可以使一个普通作家名扬天下。"

当凡尔纳发表这一番见解的时候，奥诺丽娜把玛丽的注意力引向一些书架，上面摆满新近出版的看来不常被人阅读的书籍。书架上还汇集着凡尔纳著作的各种译文本，有德文、葡萄牙文、荷兰文、瑞典文、俄文等，另外，还有《环游地球八十天》的日文和阿拉伯文译本。

奥诺丽娜十分殷勤地把那本字体奇特的书取了下来："我丈夫从来没有重读过他自己小说的任何章节。虽然他对一本书虚构的情节往往要构思几年才着手写作，但是，文稿一旦修改好了，他马上就对他的主角不感兴趣了。"

玛丽惊奇地问："可现在，你采取什么样的写作方法呢？我希望您乐意把您的经验传授给大家。"

凡尔纳满面笑容地说："我不大明白，大家怎么会对这如此感兴趣。不过我很愿意把我的'文学烹饪法'的秘密告诉您，尽管我不建议任何人照这种方法去做，因为，我向来认为我们每个人都有自己独特的写作方法，并且会本能地选择最好的方法。

"我每写一部小说，总是必须首先拟定写作提纲。如果不知道如何开头，怎样写正文，又怎么结尾，我是从不会动笔的。另外，我比较满意的是，这种写作提纲在我心中不是只有一个，而是有半打以上同时浮现在脑海里。如果我觉得文章难以写下去，我情愿把它搁下，过些时候再继续写。

"把基本提纲完成以后，我就着手拟定各章提纲，正式写作时，我使用铅笔，每页只写一半，空出另一半用作补充、修改。文章写成后，我反复阅读全文，再用钢笔誊写一遍。

"我觉得真正辛苦的工作是着手对文稿进行第一次修改，因为我不只是斟酌字句优美与否，有时候还要整章整节或重写。只有在不断地修改过程中，文章才会更加出色，更加完美。

"只是在文稿成书以后，我才真正了解我作品的主题。幸运的是，我的那位善良的出版家给我提供了一切修改的自由，我的文章常常要修改润色八九次。我羡慕那些能从第一章写到结尾最后一句话而不需要增删一个字的作家的才能，但我不愿意效仿他们。"

玛丽问道："您这种写作方法大概会大大减低工作效率吧？"

"我不这样看。由于我养成有规律的工作习惯，我每年总要完成两本小说。我的小说向来是提前交稿的。"

1870年至1871年间，发生了那么多使他痛心疾首的事件，他的父亲去世了，尽管他和父亲之间的关系并不是特别好，但是父亲对于他来说，还是像大树一样能给他心灵的慰藉。这些事件的发生使他又面临着重要的抉择。严酷的现实生活，把他早年那种乐观进取的精神，那种幽默、戏谑和欢快的情绪消磨殆尽。

于是，他避开喧嚣繁乱的巴黎，一个人躲在平静如水的亚眠。本来孤独的他更加感觉到孤寂和沉默。唯有工作，才是他的人生寄托、他的希望所在、他的生命存在的价值。他把内心积累的不安、忧郁、痛苦和企盼一股脑儿地融入他的作品中。

因此，这几年凡尔纳的作品成果累累。他写作速度很快，一部没有写完，又开新篇，甚至几部交替写作，好像要追回那逝去的青春年华，又好像在有生之年，要把内心积虑全部吐出来。

出版 《八十天环游地球》

在海上有高速客轮、陆上有纵横交错的铁路网，交通工具变得越来越快的时代，环游我们这个小小的地球，实在不需要多少时间。在蒸汽时代，实际上需要多少天才能周游我们居住地一圈呢？

1870 年发表在《美景杂志》上的一篇文章给我们提供的答案是：80 天。这就是凡尔纳的新小说《八十天环游地球》。

《八十天环游地球》使他名扬天下，有了更大的知名度。平心而论，使他举世闻名的《八十天环游地球》并不是凡尔纳的杰作，因为小说并没有提出和解决新时代的重大课题，也没有创造出新的人物形象，更没有提出征服自然的新任务。

当然，这本书使出版商发了大财，使凡尔纳收入颇丰；确切地说，使出版商和作者发财的原因不是小说而是由小说改编的剧本。凡尔纳一生写过 60 多部小说，该书影响最大，读者最多。

在小说中，凡尔纳虚构了一个由一位紧迫的旅行者福克去完成这种业绩的故事。这位旅行者的唯一目的是要克服他可能遇到的各种障碍，在规定的期限内环游地球一周。

以前凡尔纳偶然读到一份宣传材料，说利用现代交通工具，人们可以舒舒服服地环绕地球旅行。于是，他就有了一种争分夺秒与时间竞争的念头。

凡尔纳觉得 80 天环游地球挺有意思。他写信给赫泽尔说：

我在幻想做这样一次旅行。这必定会使我们的读者感兴趣。我必须有点痴痴呆呆，任凭我的主人公们的荒谬行动摆布。我只惋惜一点，那就是无法让他们迈开双腿步行。

在写作的时候，他用纸板剪出"福克"这个人物的形象，并把他钉在地图上，依次标出他们环游地球的路径。

于是，主人公用80天时间，经历了环游地球的惊险故事：

英国国家银行发生了一起重大的失窃案。在谈论这个盗窃犯潜逃的可能性时，斐利亚·福克打赌说，根据《每日晨报》所作的计算，人们可以在80天环游地球一周。该报还透露说，横贯印度的铁路线业已竣工。为了证实这些计算的正确性和赢得这场打赌，福克带着刚雇的仆人路路通立刻起程出发。

福克要克服各种障碍，在限定的时间内环游地球一周，按时返回伦敦俱乐部。而侦探费克斯认定，英国国家银行的盗窃犯不是别人，正是福克，于是便在苏伊士运河等他，并一边要求伦敦发出逮捕证，一边对福克进行跟踪，准备等一接到拘票，立刻将他缉拿归案。

到了孟买，福克和他的仆人乘坐开往加尔各答的火车，但他们误信报上所说铁路全线业已竣工的消息，其实最后一段铁路正在修筑之中；下了火车，为了继续他们的行程，福克不得不买了一头大象。

穿越森林时，两位旅行者遇着印度的一支殡葬队，这些印度人要让刚去世的一位王公的遗孀一道殉葬。多亏路路通出了一条计谋，福克才终于救出不省人事的少妇艾娥达。艾娥达是按英国方式抚育长大的，被迫嫁给这个生命垂危的老王公。

三人到达加尔各答，但费克斯竟以一种借口，唆使别人将他们逮捕起来。福克交了保释金，因而得以继续旅行，这使那位警察大失所望。到了中国香港，这位密探在一间吸烟室里将路路通灌醉，使他无法将开往日本横滨的客轮的起航时刻通知他的主人，结果只有一直处于半醉状态的路路通一个人上了船。

这场打赌看来输定了，但福克不甘罢休，租了一艘领港船，从海

上追上了上海至横滨的另一艘船。经历了许许多多冒险之后，他们三人重新相聚，并到达了美洲。

这几位旅客从旧金山乘坐开往纽约的火车。途中，火车遭印第安人袭击，路路通因此而被掳掠而去。福克置自己的旅程和财产于不顾，毅然决然地救出了路路通。各种事故使我们这几位旅客耽搁了时间，本来要将他们带到利物浦去的横渡大西洋的客轮起航后不久，他们才赶到纽约。

福克只好搭乘一艘货船到波尔多，一出大海，他便将该船和船员买了下来。这时，我们发觉福克原来是一位精明干练的海军退伍官佐，非常善于应付各种突发事件。他最大限度地加大火力，煤炭烧光了，他决定将船上木料上层结构统统烧掉，到达昆斯顿时，该船只剩一具空壳。

福克打算在昆斯顿乘坐开往都柏林的邮车。这时，他竟被费克斯拘捕，只因真正的窃贼被捕归案，他才得以获释，但这使他又白白浪费了好几个小时。由于这种种变故，福克到达伦敦时整整迟误了 24 小时，也就是说，他本应星期六到达，却推迟到了星期天。

他破产了！这场灾难使我们的主人公暴露了他们的情感：艾娥达向福克提议要作为他的终身伴侣；这位遇事冷静的绅士的心地比他所愿意表白的还要善良，因而受到极大震动。于是，这位一向冷若冰霜的男子汉承认了很久以来便暗中滋长的爱情，路路通去要求威尔逊神甫明天举行婚礼。

在最后一章里，所有参加打赌的人都等在福克要到的俱乐部里，他们确信他无法在预定时刻 8 时 45 分到达。到了最后一秒钟，福克突然出现，所有的人都颇感惊讶。

这部小说的最精彩之处是，福克旅行方向朝着太阳升起的东方，由于地球自转是 24 小时 360 度，他们多争取整整一天时间。福克应 1872 年 12 月 21 日星期天到达伦敦俱乐部。当他出现在俱乐部时引起

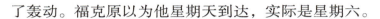

了轰动。福克原以为他星期天到达，实际是星期六。

福克这个人物真正获得读者喜爱，那是因为作家成功地塑造了一个典型。作家塑造了一位刚毅冷峻、不畏艰险、果敢地与时间竞赛的费列厄斯·福克、忠贞不贰的仆人路路通、命运多舛的艾娥达、诡计多端的骗子巴斯巴都、认真刻板的侦探，为世人认可。

小说的意外成功，引起全球性轰动效应。巴黎人关注福克下一个旅行地点；美国记者打电报给报社报告福克的旅行路线。当福克从中国香港赴日本，由于侦探的阻挠没有赶上定期轮船的时候，大洋彼岸的投机活动达到白热化的程度，有数家轮船公司打电报给作家，要求他让福克乘坐他们公司的轮船，公司将支付一笔巨额款项奉送作家。

由于受到儒勒·凡尔纳小说《八十天环游地球》的鼓舞，许多冒险旅行家为打破环球旅行的纪录，竞相出发，开展环球旅行竞赛。人们相继打破环球旅行纪录，并自豪地专程去拜访凡尔纳。他们的这种努力，让凡尔纳很开心。

《八十天环游地球》很适于改编成剧本，剧作家戴纳里与凡尔纳精诚合作，共同拟定改编提纲，加入很多情节，于1874年11月7日在圣马丁剧院首次公演，大获成功。

在剧本改编过程中，剧作家戴纳里充分利用各种手段以便取得惊人舞台效果，最成功之处，舞台上居然出现了一只真正的活象。人们都记得，巴黎动物园中的大象，在巴黎被围困期间，被人吃掉了，因此大象引起巴黎人的感情震颤，取得了意想不到的戏剧效果。

一位专栏记者在《费加罗报》上写道："《八十天环游地球》使整个巴黎沉醉于节日气氛之中。当戏院开门时，圣马丁大街上，人声鼎沸，熙熙攘攘，犹如过节一样。"这位记者所说的令人兴奋原因之一是票房收入："昨天收入8037法郎，而两周内的收入已达25万法郎。"这样的票房率一直保持了两年多。

随着《八十天环游地球》获得巨大成功，凡尔纳名声大振，如日

中天，得到全世界的公认。他的作品先后在美国、英国、俄罗斯、德国、意大利、西班牙、瑞士、挪威、荷兰、希腊、克罗地亚、捷克、丹麦、加拿大、阿根廷、中国、波斯、日本等国翻译出版。

由于凡尔纳创作的非凡成就，法兰西学院于 1874 年 4 月授予儒勒·凡尔纳该院一等奖和奖章。回想 20 年以前，当 1852 年凡尔纳发表小说《马丁·帕兹》的时候，颇受父亲的赞赏，曾建议儿子申请法兰西文学院的奖励，而凡尔纳不愿意为了荣誉向帝国文学院的老爷们卑躬屈膝，予以拒绝。而今，虽然法兰西学院主动地授予他最高文学奖赏，并没有给他带来几多欢欣。他说："我的生活是充实的，没有烦闷无聊的余地。这几乎就是我们期盼的一切。"

在大海上自由地遨游

几部小说和剧本先后获得成功，凡尔纳的收入也随着增加，于是，他在1876年购买了"圣米歇尔2号"，1877年又购买了"圣米歇尔3号"，从而实现了他的平生夙愿。

1877年到1878年间，凡尔纳一家为给儿子米歇尔创造一个良好的学习环境，暂时迁到南特城絮弗朗街1号一套住宅。

1877年夏天，凡尔纳又扬帆起航，同时也把米歇尔带上。他在一封信中说："米歇尔和我们在一起，大家都觉得高兴，他也发生了很大变化。"

米歇尔这时已满16岁，正处于使青年人面临各种危险的转变时期。幼年时，米歇尔便是个难以管教的顽童，他的哭喊常常骚扰作家的工作。将教养儿子的事交给他妈妈来管，这是理所当然的；但她意志薄弱，显然是个平庸的教育者；至于父亲，他终日躲在工作室里，尽可能摆脱这些家庭的烦恼。

这孩子从来没遇到过什么阻力；他的任何怪念头，都会得到容忍，甚至鼓励。父亲对此从来不闻不问，而母亲常常觉得挺开心。

有一次，在散步的时候，他们给小家伙买了一把小木剑，这是当时流行的一种玩具。小家伙刚遇着第一个地窖的气窗，便连忙把小剑塞了进去。结果，他们不得不请求这户人家让他们到地窖里把小木剑找回来。

母亲嘱咐小淘气别再干这种事，但口气大概没带什么威胁性，碰上下一个气窗时，这个小顽童照样把木剑塞进去了，他们又不得不去把它找回来。

奥诺丽娜非但没打他屁股一顿，反而哈哈大笑，她觉得这种固执着实滑稽。这个年仅5岁的孩子竟跪下来注视着她，对她说，"啊！你实在漂亮！"面对这种情景，怎能不叫做母亲的心慈手软呢？

凡尔纳也不得不承认，儿子有时挺可爱，有时挺恼人。他觉察出这是孩童最调皮的行为吗？总之，他决定将这难似管教的孩子交给职业教师。但当米歇尔进入阿贝维尔学校当寄宿生时，无疑已经为时太晚了。因孩子身体素质太差，问题变得更复杂了。

过了好几年，米歇尔才终于摆脱这种"转变"不顺利所造成的后果。"善良的父亲"所采取的严厉的教育方法，必然要遭受失败，而且决不能使不听话的孩子一下子转变过来。

似乎造成这种状况的唯一原因是神经质，那就只好求助于精神病医生了。他们去找过著名的布朗歇大夫。1873年至1874年，病人在疗养院住了一些日子，身体状况似乎有所好转。

但这种"好转"并没持续多久。为了克服性格障碍，父母甚至采取了最严格的方式。他们去找过梅特拉伊少年教养所的所长布朗夏尔先生。在这家教养所住了8个月，反而使症状有所恶化，病情变得使人越发不安，而且会有导致变疯或自杀的危险。强制手段只能加重这位少年的精神障碍和反抗。布朗夏尔先生明智地建议要发挥家庭的作用。他们做了这种试验，但希望委实不大。

随着游艇在大海上漂荡，凡尔纳也跟着大海波涛澎湃而浮想联翩："这个米歇尔，缺点不少，优点也很多，倘有机遇，很可能成为一个坚强的人。他聪明，又有热情，就是缺少是非辨别力，不善于把握自己，还有点神经质。"

由于对米歇尔的高期望而发生的联想，一个15岁的英雄少年形象，逐步在作家的头脑中形成。凡尔纳在给赫泽尔的信中说：

15岁的船长绝对不会是雨果的《悲惨世界》中那样游

逛在巴黎街头的机灵又调皮的流浪儿，他绝不是懒鬼；当船上只剩他一个人的时候，他显得英勇无畏，而且像一个真正的船长那样行事。

这位 15 岁的船长所在的那艘捕鲸船，老船长带领 5 名水手乘舢板去捕获一头座头鲸，不幸船翻人亡。此时，这位被船长委任临时大副的 15 岁少年，他面临一种绝望的局面：船上只剩下一名见习水手，还有船长的妻儿，一名年迈女佣，5 名黑人遇难者，加上一只小狗登戈，还有心怀叵测的厨子。

少年临危不惧，沉着冷静，毅然承担起负责捕鲸船和众人安危的重任，并表现出惊人的才干。船的航向是东方，始终不变，预定能够返回美洲。

由于那个不怀好意、处处与少年船长作对的厨子的干扰，加上船上的罗盘仪发生偏差，最后没有到达美洲，而是绕过合恩角进入非洲海岸。他们登陆不久，便被捉住，落在黑奴贩子的手中。

毫无疑问，凡尔纳要借助大海平息这个米歇尔给他造成的痛苦。

后来，凡尔纳怀着郁郁寡欢的心情，跟他弟弟保尔、他弟弟的第二个儿子莫里斯、年轻律师拉乌尔·迪瓦尔和 30 岁的小赫泽尔等人，乘坐"圣米歇尔 3 号"到地中海进行了一次远航。

"圣米歇尔 3 号"是一艘"豪华巨轮"，它长 28 米，宽 4.6 米，吃水 3 米，驱动功率为 100 马力。船的尾部有一间用桃心木镶嵌的客厅，两张可当做睡床的长沙发，客厅与卧室相连，卧室里摆放着淡色的橡木家具。总之这是一艘无比漂亮的游船。它的桅杆高高耸立，吃水线以下有一条金色的条纹，整艘船都十分壮观。

船从南特起航，经加地斯到非洲，意大利公债组织的一个狩猎队使凡尔纳大开眼界。再经直布罗陀到达摩洛哥的得士安，进入阿尔及利亚海岸。

　　凡尔纳的妻侄乔治·阿洛特是驻奥兰的骑兵队长，他特意带着这位远亲游览了阿泽尔海湾。1877年出版的《海格托·舍尔瓦达克》，就是这位远亲提供的阿尔及利亚的背景材料，乔治就是主人公的原型。

　　凡尔纳站在船头，迎着轻轻的海风，面对着自己在小说中幻想过的景色，不禁心醉神迷。

　　在阿尔及尔，凡尔纳在船上，用最好的酒为本地政要和显赫人物及其夫人举办了一次丰盛的宴会。性格孤僻、耿介方正的凡尔纳又发了一次"疯狂"！

　　凡尔纳虽然结交各类人物，但依然孤傲耿介、郁郁寡欢。有一次，"圣米歇尔3号"到了英格兰南部威特岛的考斯，当地正举行赛船会，皇家赛船队队长特地送来一张请柬，邀请他参加欢迎威尔士王子的集会，凡尔纳立即下令离开考斯，他坦率地说："英国王子，与我何干！"

　　1879年，凡尔纳带着米歇尔和一位朋友第二次出海，抵达英格兰和苏格兰东海岸的爱丁堡。

　　第三次远航是1880年，沿海岸北上，经基尔运河到达波罗的海。在基尔，他们再次见到1867年送到世界博览会的那尊发射500千克炮弹的巨炮以及装备日益精良的德国海军，不由得想起1870年那场战争，再也无心远航，便返航回国了。

　　凡尔纳终生难忘的一次远航，是1884年。此次远航的目的之一，是想为以地中海为背景的新小说收集素材。

　　5月13日，"圣米歇尔3号"起航，同行者有弟弟保尔及保尔的儿子加斯东。加斯东沿途写航海日记。奥诺丽娜由米歇尔陪同先期出发去阿尔及利亚的奥兰，在妹妹家等待"圣米歇尔3号"。

　　5月18日，船到维哥。法国领事的几个女儿注视着凡尔纳的样子，就仿佛他是半神半人的人物似的。在里斯本，赫泽尔在葡萄牙的

代理人举行一次令人心旷神怡的午宴，向凡尔纳表示敬意。

里斯本的社会名流均在宴会上露面。晚上，海军大臣为他举办了一次豪华的晚宴。吃过甜点之后，人们向凡尔纳赠送他的小说的葡萄牙文本。书放在一个饰有海贝和蚝壳的盘子里；这种盘子是艺术品，准备给凡尔纳留做纪念。

5月25日，船到直布罗陀，英国军官为活跃军营生活，特地举办一次盛大宴会。他们为凡尔纳举办一个了精彩的招待会！那些军官们见到他时，欣喜若狂，他们饮潘趣酒，大声鼓掌和欢呼，然后又大口喝酒。

5月27日，游船抵达奥兰，全家团聚。随后，"圣米歇尔3号"到达阿尔及尔，奥诺丽娜与她的女儿瓦朗蒂妮相见，当时她的丈夫正在那里服役。而凡尔纳也见到了他的两位表亲乔治和菲伊。

6月10日，船在博尼停泊，打算前往突尼斯，但海路险恶，巨浪滔天，一艘远洋帆船刚刚在这一海域遇难，全体船员和乘客无一生还。奥诺丽娜非常恐惧，她坚持走陆路。凡尔纳只好同意，让奥利夫船长将"圣米歇尔3号"开往突尼斯。马车到一个叫加迪纳乌的城镇，法国代办安排得十分得体，突尼斯土著首领的私人列车前来迎候，首领本人带着大鼓和舞蹈队，热情欢迎。在迦太基，朋友为他举办一个招待会。后由白人神父带领，参观了古城遗址。

经过陆路旅程，大家到达突尼斯，登上"圣米歇尔3号"，正当他们前往马耳他时，天气骤然变坏，被迫在一个小海湾停泊避风。海湾只有沙子，没有淡水。海湾风平浪静，一片沙滩，一望无边，荒无人烟，使人们好像回归原始生活，油然产生自由自在的感觉，无拘无束，大家高兴起来。

在马耳他岛，凡尔纳一行受到当地英国驻军的热烈欢迎。地方长官亲自陪同游览名胜。此时，法国来函，希望他们缩短旅行日期。原本凡尔纳打算去亚得里亚海游弋，借以充实《马季斯·山道尔》，只

好放弃。

在西西里岛作短暂停留后，随即赶到那不勒斯。此时，又是奥诺丽娜死活不肯再乘船，只好改为陆路返回南特。而凡尔纳也想借机好好地了解一下意大利。意大利是他向往已久的国度，一直未能如愿成行。"圣米歇尔3号"先期回卢瓦河口静候，他们乘车直达罗马。

7月4日，凡尔纳一行抵达罗马，作为尊贵的客人受到隆重接待。在罗马期间，凡尔纳一家作为执行官夫妇的贵宾出席一次专为迎接他们的盛大招待会。凡尔纳虽未到过罗马，但对该城的地理情况了如指掌，在同罗马执政官首次会见时，讲了许多鲜为人知的掌故，使这位父母官惊诧不已，因为自己都知之甚少。

7月7日，凡尔纳受到教皇接见。教皇说："我不是不知道您的作品的科学价值，但我珍视的是作品的纯洁性、道德价值和精神力量。"并且鼓励他继续写下去。凡尔纳被感动得热泪盈眶。因为凡尔纳一直受到巴黎大主教的排斥，而教皇的一席话对凡尔纳非常有利。

在佛罗伦萨，凡尔纳改名换姓，安静度过。但到了威尼斯，尽管用了"普律当·阿洛特"的化名在旅馆登记，但还是被人认出来。旅馆老板是个精明的商人，立即把旅馆装饰一新，放起烟花爆竹。并高高挂起一面写有凡尔纳大名的旗帜，阳台上满挂彩灯。威尼斯人热情豪放，把凡尔纳视为自己人，琳琅满目的条幅排满大街通衢，还有一条写着"凡尔纳万岁"的落地大条幅。

　　他们到威尼斯的第二天，萨尔瓦多公爵专程到旅馆拜会。这位公爵是文学家、艺术家和学者。他隐居在巴利亚纳群岛的领地，利用他的"水妖号"游艇从事海洋研究。他此次来访，特地携带他的研究成果作为见面礼物，并邀请凡尔纳去他府上做客，凡尔纳委婉谢绝了。此后，二人一直保持着联系。

　　威尼斯此行，使凡尔纳感到欣慰的，不是张灯结彩、烟花爆竹，而是有幸结识这位不趋名逐利而甘居海外孤岛从事海洋研究的"孤独者"公爵。

　　凡尔纳一行归国途中，曾到过米兰，他绕道去布雷拉，核对一下达·芬奇的笔记和草图。

　　凡尔纳一家此次显赫的地中海之旅，尽管遇到许多困难，却是凡尔纳一生中最有意义的一次旅行，因此大家都挺开心。旅行归来，他精神振奋、意气勃发，未待消除旅途疲劳，便带着浓重的大海气息投入了创作。

悉心照料生病的妻子

　　1877 年和 1878 年，凡尔纳希望南特的家庭环境能对他儿子的心理产生一种有益的影响，希望那里的温和气候能促进他妻子病愈康复。

　　在此期间，他跟一位中学生经常通信。这位学生住在圣纳泽尔，家境贫寒，父母早已分居。

　　凡尔纳对这位小青年产生了好感。因为这个孩子的聪慧深深地打动了他，其敏感也曾引起过他的注意。这种敏感尤其加深了这个年轻人遭遗弃的情感。

　　凡尔纳给赫泽尔的一封信中更明确表达了他对这个中学生的关爱：

<blockquote>

　　我到南特的乡间住了几天，把布里昂也带去了。在一个这么和睦、人口如此众多的家庭环境里，我把他变成一个宁静的人。要知道，直至如今，他尚未领略过家庭的温暖。

</blockquote>

　　凡尔纳对这位学生似乎保留着一种鲜明的记忆，在《两年假期》这部作品中，他甚至将他的一个主人公取名为布里昂，只将名字最末一个字母 d 改为 t，并且赋予这位主人公以南特中学生的各种优秀品质。此外，到了巴黎，他俩也似乎一直保持着这种关系。

　　这两个头脑灵活的人虽年纪相差较大，但都乐于促膝交谈。在当时，凡尔纳的见解是非常进步的，毫无疑问，他曾宣扬过自由与和平的美德。而那个中学生大概对自己的命运极为不满，他受到鼓励，逐渐培养起跟凡尔纳一致的见解。在他的头脑中，1848 年革命党人的梦想跟第三共和时代人们的梦想，兴许就这样结合起来了。他是第三共和那批最著名的代表之一。

1878 年 9 月，凡尔纳心绪平和地离开了南特，他跟奥诺丽娜重新返回亚眠朗格维尔街 44 号居住。

《蓓根的五亿法郎》刚接近完成，凡尔纳头脑中已在酝酿另一个题材。

自少年时代，凡尔纳便对印度充满了强烈的幻想，现在这个题材是否得之于童年的幻想？或者米歇尔的印度之行吸引了他对这个国度的注意，使他必然地对它发生兴趣？米歇尔虽然已从印度归来，但他也许比儿子更了解印度！

凡尔纳很想到他儿子没到过的地方去逛逛。要不然，他将一辈子待在这座扎根于亚眠的房子里。哦！要是将这座房子搬到他的想象所驰及的地方，那该多好呵！一所装上轮子、由某种蒸汽机车牵引的房子！或者由一头大象牵引，因为这可是要横穿印度啊！最好将这两者融为一体。变成一种外形似大象的机器。

一位印度总督也许就曾产生过这种怪念头："为什么不设计一头机器大象？"这种奇特的构思肯定会激发《教育与娱乐》杂志的读者们的好奇心。他完全可以这样希望，这种构思将能让读者接受一些简单的历史、地理知识，从而了解印度的状况。

1879 年 1 月，当凡尔纳 51 岁的时候，奥诺丽娜由于身体极度虚弱病倒了。

虽然凡尔纳日夜守在妻子身边，但却丝毫不能减轻她的疼痛与憔悴。不过善良的奥诺丽娜还是尽量保持着微笑，为了使凡尔纳不致太担心。奥诺丽娜一直对凡尔纳轻声说："亲爱的，情况没有那么坏。你放心好了！"

虽然她坚强地极力掩饰着不让声音过于发颤，但凡尔纳听了反而

心里更难受。

12 月，奥诺丽娜子宫出血，身体极度虚弱，实在叫人担心。同时，米歇尔的胡作非为，更增添了凡尔纳因妻子的健康而引起的种种忧虑。

凡尔纳常常默默地注视着妻子，这时他尤其感到：这是一个多么好的妻子啊！她对我如此重要，她一生都在为了我的健康而努力做各种可口的饭菜。

现在奥诺丽娜病在床上，凡尔纳只能去啃干面包了。他看着想着，一想到一旦失去妻子后的凄凉生活，就不禁落下泪来。

亲友们看到凡尔纳经常呆呆地落泪，都以为奥诺丽娜可能快不行了，她肯定挨不过这一次了，也纷纷跟着凡尔纳伤心。

奥诺丽娜从未感到凡尔纳对她如此关心，她深受感动，一边努力抬起手为丈夫擦去眼角的泪水，一边不停地安慰丈夫："亲爱的，不要这样！"

或许上帝真被凡尔纳的真心感动了，死神并没有把奥诺丽娜从他身边抢走。来年开春后，她的身体竟渐渐地好起来，慢慢地能够支撑着下床走动了。

这时，凡尔纳更珍惜与妻子在一起的时光，他一有时间就陪着她坐在门前的石阶上，夫妻俩一起晒太阳。

为了支撑这个家，凡尔纳又继续他的梦中旅行。他又投入到《亚马孙河八百里》的创作中。

《亚马孙河八百里》开门见山地给我们提出了一个问题。这个问题将成为该书的主题。1852 年，巴西仍存在着农奴制，因此，凡尔纳首先将一份恰好落在一个贩奴头目手里的难以辨读的文件摆在我们面前。

这份文件是证实一位名叫达科斯塔的巴西人的无辜的。20 年前，这个巴西人因犯盗窃钻石罪和谋杀罪而被判死刑。达科斯塔越狱成功后，逃亡到了秘鲁。他在秘鲁娶了一个葡萄牙殖民者的女儿为妻。他凭着自己的智慧和勤劳，开发了他岳父的庄园。

如今，他化名为约亚姆·加拉尔，成了一个大种植园的园主。他妻子给他生了一个儿子，叫贝尼托；一个女儿，叫米娜。米娜即将嫁给一位军医，这位军医是她哥哥的朋友。因男方的母亲住在贝伦，这两个年轻人便希望在巴西的贝伦举行婚礼。

起初，加拉尔表现出一种极大的内心混乱，后来终于还是同意他们的这次旅行。直至那时，他从来不允许离开他的庄园。家里的人谁也不晓得他的历史。但他决定自首伏法，要求重新审理他的案子。

小说花了整整一章专门描写亚马孙河。在这一章的末尾，凡尔纳悲憾地指出，亚马孙河广大流域的文明是以"牺牲当地土著部族的利益"而建立起来的。加拉尔一家正是要沿着这条巨大的河流直达河口，然后再到贝伦去的。他们的运输工具是一只借助水流推动的大木筏。这只木筏硕大无朋，相当坚固，可承载100多人的整个村庄以及运去出卖的货物。

木筏做成后，贝尼托和马塞尔带着米娜和她的忠实女伴、长相俏丽、笑口盈盈的混血儿利娜到亚马孙河沿岸森林散步。他们沿着一条绕树延绵的长藤边走边玩，到了长藤的末端，正好救了一个刚上吊的男人。

这个自寻短见的人被救醒后，立刻变得温和起来。原来，他叫弗拉戈索，是个以四海为家的剃须匠。他还得赶400英里的路程，可是身无分文，一时间失去了勇气。他参加了这次旅行。在一次中途停歇时，他施展了他那制作假发、假须的本领。

在顾客当中，有一位叫托雷斯。弗拉戈索虽然没认出这个顾客，但觉得此人容貌很熟。在闲聊中，他把加拉尔在木筏上的事告诉了托雷斯。这位冒险家没费多大气力便被接受上了木筏。在遭受凯门鳄的一次袭击中，他甚至救了加拉尔的命，而弗拉戈索也英勇无畏地救了

米娜的命。在回答加拉尔的感谢时，托雷斯说："在所有人中您的生命对我来说尤其宝贵。"这句包含言外之意的话引起了贝尼托和马诺埃尔的注意。

在一次密谈中，托雷斯指控加拉尔就是达科斯塔。不过他还说，他知道他受到不公正的判决，而且掌握有证实他无辜的证据：那个真正罪犯的口头忏悔。他要求加拉尔把女儿嫁给他，以换取他的沉默和那份文件。这种卑劣的讹诈遭到失败，托雷斯急不可待地去报告警察局。加拉尔也就是达科斯塔被捕了。

达科斯塔只能要求法官雅里凯相信他，他必须把托雷斯找回来。不幸的是，贝尼托不晓得他保存着一份文件，十分愤慨，要求跟他决斗，竟把他杀死了。这位讹诈者的尸体落入亚马孙河，连同证明达科斯塔无罪的文件一起被冲走。贝尼托后来才知道，因自己一时激愤，竟毁了自己的父亲，可惜已经太迟了。他穿着潜水服，在河里搜寻这具尸首。他在尸首的衣服里发现了一个匣子，这个匣子由法官雅里凯亲自打开，里面装着一份密码，但没有辨读的钥匙。幸好法官是个精明人，他的主要消遣就是推敲琢磨七巧板、字谜、画谜、字母组合游戏等玩意儿。

这份文件唤起了法官喜欢分析探讨的本能，他兴致勃勃地潜心揣摩它的意义。他深信，要是不弄清用来获得各个字母在字母顺序中的变换的任意数，他是无法洞悉它们的真正含义的。

弗拉戈索终于了解到，这份文件的作者叫奥泰加，是托雷斯的一位朋友。在行刑前不久，他给法官带回这一重要消息，法官将奥泰加这个名字与组成密码签名的最后 6 个字母相对照，获得 432513 这个数目字。文件终于辨读出来了。原来这是一份真正罪犯的忏悔书。

这部作品对亚马孙河的景貌作了非常出色的描述，传授地理知识的目的达到了。

事实上，凡尔纳的主要兴趣是译解那份文件，他写信告诉赫泽尔说："至于数字，我看可作些简化。"

另外，凡尔纳还说："在这部小说中，我遇到了一些难于解决的情况，但我不想回避这些困难，虽然从本质上说仍是一次旅行，但我发挥了有别于我通常使用的一些手法。"

到了天气非常炎热的夏天，奥诺丽娜已经基本恢复了健康，凡尔纳为她安排好一切，然后自己又独自回到"圣米歇尔号"上，全心地扑在《亚马孙河八百里》剩余部分的创作当中。

光阴似箭，一晃就到了 1885 年。凡尔纳相继完成了 5 部小说，提前两年完成了与赫泽尔的合同义务。

在一番忙碌过后，凡尔纳想让自己的脑子歇一歇。他再次组织一个化装舞会。这次舞会定于 1885 年举行，以补偿奥诺丽娜对 1877 年那次舞会的失望。

为了给奥诺丽娜的交际生活创造良好条件，他想到了一个最好的办法。那就是采取一个轰动一时的行动。这一回，凡尔纳夫妇是在亚眠的家中，而不是在各餐馆的客厅里接待亲朋宾客了。

化装舞会将在他们自己的公馆里举行。这座公馆临时取名为"环游地球大旅舍"。旅舍里"将免费提供饮料、食品和跳舞场地"。

凡尔纳夫妇化妆成男女厨师，亲自迎候来自各方的宾客。

凡尔纳已 57 岁了，虽然他已经身体发胖，并不适合跳舞了。但他还是喜气洋洋地参与其中，而风韵犹存的奥诺丽娜最关心的，并不是自己的身材，她希望的当然是让菜肴做得精美一些，只有这样才能让自己和朋友们胃口大开。

"旅舍的顾客"大概都觉得挺称心惬意。凡尔纳一直习惯别人在出版社接待他，但从各种可能来看，他常常到一个他可以舒适地从事创作的无人知晓的地方去。

这次体面讲究的舞会召开得非常成功，人们都积极地去参加奥诺丽娜的沙龙。他们可以在这里找到人与人之间最原始的心贴心的

交流。

后来举行沙龙的次数多了，凡尔纳就忙不过来了。他不再每次都协助妻子当厨师了，因为招待那么多人确实不是一个轻松的工作。而且，虽然他也乐呵呵地参加晚会，但每次都不会超过晚22时，大家经常在22时后就找不到他的身影了。

奥诺丽娜理解丈夫，她也不为难他，自己应付着快乐的场面。而客人们也都习惯了凡尔纳的"早退"，时间久了，凡尔纳还获得了一个"笨熊"的雅号。

奥诺丽娜笑着说："嗯！再没有比他更能配得上这个雅号的了。"

沧海落日

海是包罗万象的。海的气息纯净而卫生；海之为物是超越的、神妙的生存之乘舆；海是动，海是爱。

—— 凡尔纳

深深忧虑儿子的成长

凡尔纳衣、食、住、行一直保持清苦俭朴的习惯，唯一属于"高消费"的，就是养船。凡尔纳热爱大海，因此他爱船如命。

购买游船给凡尔纳带来的欢乐，但这只能掩盖他那日渐增多的忧虑。给他造成最严重忧虑的当然是他的儿子米歇尔。

从 1874 年至 1878 年，凡尔纳住在南特絮弗朗街 1 号的一套住宅里，他儿子上中学。他在信中这样说过：

> 对米歇尔，没啥严重的事可值得指责的，不过，他挥霍无度，不晓得金钱的价值，这实在令人难以置信。但从其他方面来说，他的确有了一些好转。在这里的家人都觉察出来了。

然而，他的交往很令人气愤。他欠了不少债。他无法很好利用他自己要求的或自己容许自己的自由，这就不可避免地会使家里人做出反应，但他却蛮不讲理地进行反抗。

像他这种类型的人实在司空见惯。赫泽尔试图用说理来劝导这个小伙子，可他绝不会接受不符合他心意的道理，而且巧言善辩地维护唯一能满足他个人乐趣的法则。这属于青春期古怪性格的发作。这种发作包含性格上的各种冲动反应，而且无论如何要使大人陷于尴尬境地。

凡尔纳给赫泽尔写信说：

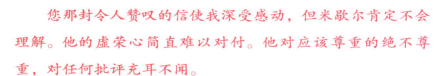

您那封令人赞叹的信使我深受感动，但米歇尔肯定不会理解。他的虚荣心简直难以对付。他对应该尊重的绝不尊重，对任何批评充耳不闻。

可是，我将与家人配合，采取最为有效的方式。倘若他不愿意服从，就将被关押几年。他不晓得自己正朝这个方向迈去，但必要时，他是会知道的。家里的人，包括叔伯表亲都在以这种方式对他施加影响。他或许终于明白，必须打掉自己那种自命不凡的傲气。

我并不抱什么希望，米歇尔这个 14 岁的孩子简直像 25 岁的青年，过早地形成心理反常。我将履行我的责任，直至最后时刻。

凡尔纳与奥诺丽娜一直无能为力，十分恐慌。司法和行政当局只能向怅然不知所措的凡尔纳建议采取最后的解决办法：在实施拘押以前，先进行"父亲惩罚"形式的监禁。

这道命令签署后，米歇尔便被带到城里的监狱。正当凡尔纳得以考虑此事的时候，他跟一艘即将开往印度的三桅帆船的船长进行了协商。米歇尔听到被遣送的消息，感到格外高兴。他满怀热情地接受这种惩罚。他提出的唯一要求就是，让别人将他父亲的作品给他送来！

可以肯定，凡尔纳作为父亲，比他还要痛苦。凡尔纳没有勇气将他带到波尔多并为他送行，他将此事委托保尔去办。

2 月 4 日米歇尔上了船。凡尔纳独自思量，"他将变成什么样子？我不晓得，但这里的医生一致认为，这孩子处于病情发作状态，他对自己的行为不负任何责任。大海会不会使他的智力健全起来？"惩罚不算严厉，米歇尔被聘为见习船工，跟船长同桌吃饭；这次旅行变成了一次巡航。

4 月 26 日，航船到达印度洋马达加斯加以东的莫里斯岛。这位名

作家的儿子在船上的消息很快便传开了。当天晚上，一个种植园主为他举行了一个有 200 人参加的宴会。但这位种植园主实在是给他帮了倒忙。

三桅帆船终于到达印度。这位年轻人冒着烈日，竟身穿礼服、头戴礼帽上岸，当地人不禁愕然咋舌！他用一种年轻人所喜欢采用的方式，佯装在这次旅行中没得到任何乐趣，并情不自禁地开罪他父亲，好让别人替他打抱不平。

1878 年 11 月 28 日，他从加尔各答给凡尔纳寄了一封信。这封信为他提供了一个报复的机会：

> 看着自己被迫地、既无法做出任何努力、也无法做出任何事情地被带走，远离了家人，远离了故乡，远离了他所爱的一切，这叫人多么悲伤。这毕竟是我的过错，我没啥好说的。

> 可是，这难道不是思想和情感，即理智和心灵所产生的一种难以言喻的专横在作祟么？这是一个会思维的动物所能想象出来的最可恶的东西。

> 我不得不忍受这种专横，不敢有半句怨言，可是，要是我能冲破这种专横，我完全可以通过使用我在物质上的自由，去证实我是值得享有精神上的自由的。

> 对我的思想做些什么呢？我能否问一问你！使思想受到教育？得到锻炼？没这回事！"通过观察伟大的事物"以提高思想境界？我始终认为，这种言辞无非是作家们混杂到他们所写的美好事物中去的一句空话。

> 就我看来，这无异于江湖骗子使用的大鼓。声音挺响，意义不大。我从来不相信人们在海上航行时所产生的那种激情，不相信那种"深渊的恐怖"和"大海的忧虑"。我是有

道理的！所有这些，全是文字游戏！

我根本不是艺术家。然而，我晓得，一位漂亮的伴侣、高山、野石，当然会使我产生某种印象，但决不会向我提供一丝的激情。人们觉得这些东西赏心悦目，如此而已。

我在海上航行了 10 个月，我从来没觉得大海可爱。风平浪静时，大海使我感到厌烦；波翻浪涌时，大海使我感到恐惧。海水、海水、海水，我实在觉得单调。但什么是美，什么是丑？别人认为是美好的东西，我却觉得可憎可恶，这又作何解释呢？

直至目前，我无须去培养和发展我的精神，对于一个 17 岁的人来说，这已经有点过头。如今，我所需要的是学习知识，我在内心里向你提出这样的问题，是否到这里来才能学到东西？

我的想象力有时阻碍着我对你的爱。这种结果已经获得了；但你以为是在掌舵和冲洗甲板时获得的吗？我有充分的时间进行思考，10 个月过去了，这就是秘密之所在！

不管怎样，我很可能弄错；说不定疾病还要继续！说不定这个疯子还得服用神经镇静剂！我担心的是我过于固执。但直至如今，还毫无表现，我甚至根本没看出我将来会变成这么一个人。

当凡尔纳发觉自己企图使用强制手段去改变儿子的性格而走错了路时，他内心似乎感到痛苦。他肯定会觉得儿子的信可怕，因为他从信中发觉，他只注意这个小青年的健康而忽视了对他的培养。他作出的努力使他俩日渐疏远，因此，只好将教育儿子的责任托付给别人。

凡尔纳发觉，一切办法对米歇尔都不适用，虽然他的老师告诉过他，他可以参加明年 4 月份的中学会考，但他已不再钻研功课了。他

挥霍无度，负债累累，作为一个年轻人，却满口令人惊恐的奇谈怪论，力图以各种可能的手段去获得金钱，并常常进行威胁等，这一切又死灰复燃了。

伤心的凡尔纳在给赫泽尔的信中说：

在这个孩子身上，表现出一种您肯定不会相信的令人气愤的厚颜无耻。在这种厚颜无耻中，还掺杂有一点不容置疑的疯狂，这是一个可怕的堕落分子。

只要他有事可干，我全都能忍受下来；而当他一旦无所事事，就得打定主意。什么主意？把这倒霉鬼从我家里撵出去。这是肯定无疑的。这么一来，他17岁半就会投入巴黎，为所欲为。

前途实在令人担忧，一旦撵出家门，我就永远不再见他，唉！我可怜的赫泽尔，我多么不幸，这一切真该结束了！您要是面临我这种处境，您会怎么办呢？把他撵走，永远不再见他？最后终究要采取这种手段。我内心的痛苦实在无法令人相信！

在发生几场越来越激烈的争吵之后，凡尔纳终于把他撵出了家门。米歇尔并没走远，他在城里吃、城里住。医生们说："他是个小疯子，堕落并不能解释他的行为。"这种人是难以管教的。

总检察长、市长和警察局长都答应密切监视他，一有机会就采取行动。再次动员权力机构，这显然有点过分，但"机会"一直没出现，因为这个"小疯子"纵然违反道德，但毕竟没违反法律。

米歇尔坚持在亚眠居留而不去巴黎，是因为他爱上了剧院的年轻歌手迪加宗。赫泽尔了解到米歇尔的计划，凡尔纳对他说："昨天，我不得不当着警察局长的面跟他谈了一次。这里有个叫迪加宗的女人，他正为她而借新债。他要求解除对他的监护，并明确表示，等演出一结束便跟她出走的意图，毫无疑问，他要跟她结婚。"

过了几天，赫泽尔收到凡尔纳的一封信：

> 米歇尔 8 天前离开了亚眠，把那个小姑娘也带走了。如今，他俩到了勒阿弗尔，她正在那里演出。既然她肯定做了他的情妇，我并不认为他会到英国去结婚，虽然他让人在亚眠公布了结婚预告。
>
> 来自各方面的讨债书和申诉书纷纷而至，我实在毫无办法。他正踏着贫困和羞耻之路，向着疯人院迈进。

凡尔纳没有办法，他一方面发出威胁，要惩罚儿子；一方面又要求赫泽尔给他儿子每月从自己的版税中抽出 1000 法郎寄给他作为生活费！这在那时可是一笔可观的数目；他大概认为，这样他儿子便不会轻易借债了。

三年后，米歇尔已经是两个孩子的父亲了，但他又看上了一位年轻的女钢琴师让娜。1883 年，他非常浪漫地把她拐走了。这位不幸的女人得知他已经结婚时，实在太晚了；让娜的母亲气得发疯，到处搜寻这个诱拐妇女的家伙。一天，恰好撞到凡尔纳的门上。凡尔纳态度很不友好地接待了她。

凡尔纳极为失望，转而支持那位被遗弃的迪加宗，并关照她获得一份抚养金。好在迪加宗非常明智，当她知道让娜比她还要幼稚无知时，她为她的处境所感动了。她通情达理，自动退隐，并同意离婚。米歇尔因此得以娶让娜为妻。

这位新娘从迪加宗的遭遇中吸取教训。她贤惠而有逻辑头脑，她打算此后只凭理智去解决遇到的各种问题。

家庭关系恢复正常。凡尔纳很快便发现，这个儿媳是一位天意神

授的同盟者。米歇尔的第三个儿子出世时，关系变得更为亲密，以致他跟在布列塔尼的奥诺丽娜一同前往福尔贝里，米歇尔在那里租了一所房子避暑。凡尔纳在那里觉得挺舒心，原先只打算待一个星期，后来竟住了一个月。家庭又恢复了和睦。

在这段时间，凡尔纳又创作出了《绿光》。《绿光》写得非常优美，但跟使《奇异旅行》获得成功的其他作品的情调大不一样。这部"英国小说"叙述的是一个非常规矩的爱情故事。凡尔纳将这种毫无意义的艳遇穿插在他对苏格兰这个他所热爱的国家进行旅行的回忆文字中，但这次却远没达到通常的那种效力。

这部小说虽然题材单薄，但借助对苏格兰和赫布里底群岛海岸风光的描写和对这些地区的历史及传说的回忆，因而并不显得矫揉造作。此外，对芬格尔洞窟也作了非常出色的描述。

这部小说标志着凡尔纳的生活正处在一个相对安逸的时期。1882年，他暂时地被平静下来的生活吸引住了。他的游船随时可供他使用，他因为米歇尔的事，已经整整两年没进行海上游览，因此很想趁机会补偿一下。

正是这个时期，凡尔纳在夏尔－杜布瓦街租了一所更为宽敞豪华的房屋。奥诺丽娜非常高兴，这下她可以在不那么狭小的客厅里接待她的亚眠朋友，而且再也用不着为自己住家的寒酸而感到羞愧脸红。

凡尔纳还以米歇尔为原型，创作出了《固执的凯拉邦》的故事：

凯拉邦不愿意支付通过博斯科尔海峡所需的少量税金，在黑海兜了一个圈儿，以便能够设晚宴招待他的朋友范·米滕。当然，他碰到种种奇遇，因而使这次黑海之游充满生气。

这位专断的土耳其人的侄儿阿赫默德很快就要跟美丽的阿玛西娅成亲。而阿玛西娅只有在 17 岁以前结婚，才能享受遗嘱的继承权，因此，凯拉邦必须在这一期限之前赶回斯库台，好让那位姑娘能在合适的时间完婚。

凯拉邦行色匆匆，但他不愿意使用任何现代的交通工具，因而行进速度相当缓慢。尽管阿玛西娅住在敖德萨她父亲银行家塞利姆家里，但凯拉邦甚至不肯在敖德萨稍作停留，而只把他的侄儿阿赫默德带走。他还有最要紧的事儿：赶回斯库台的别墅接待他的朋友。

安纳托利亚的一位领主沙法尔趁机将他垂涎已久的这位漂亮姑娘抢走。在这一事件中，姑娘的父亲受了伤。一只单桅三角帆船载着阿玛西娅和她的女仆，向沙法尔的后宫驶去。

凯拉邦对这起悲剧事件一无所知，带着他的侄儿和朋友继续在黑海转悠。他这位朋友是个荷兰人，名叫范·米滕，性格随和，但又容易动怒。

途中，范·米滕告诉凯拉邦说，他到土耳其的唯一目的是要躲开他的妻子：他跟他妻子大闹了一场，然后分居了。这场争吵付出了很高代价，两夫妇竟将他们收集的全部郁金香形饰物拿来互相抛掷！

凯拉邦是个铁石心肠的单身汉，他趁机指出，穆罕默德非常了解"迷人的女性，因而允许他的信徒能娶几个妻子就娶几个妻子。管10个女人比管一个女人还要容易。但更为省事的是，一个女人也不要"。

因受到一场猛烈的暴风雨的突然袭击，这几位旅客不得不到阿蒂纳航灯站的小屋里躲避。阿赫默德在一艘行将沉没的三角帆船上隐约辨出阿玛西娅和她的女仆。

阿赫默德终于救出了这两个姑娘。但帆船的船主也脱险逃生，跑去报告正在特拉布松等他的沙法尔领主和他那位死心塌地的心腹手下斯卡庞特。

斯卡庞特在一个客店里让凯拉邦落入圈套，将他们一行带入一个性情暴躁的库尔德寡妇的房间里。这位寡妇正在物色第四位丈夫，因此指控他们企图侵犯她。

范·米滕面临受拘禁入狱的威胁，被迫答应娶这位悍妇为妻。这并不会引起严重后果，至少在欧洲是这样，因为他已经结婚了。

后来，这支旅队进入一条狭谷而受到沙法尔手下兵卒的袭击。不过在此之前，阿赫默德曾瞒着凯拉邦，从特拉布松给阿玛西娅的父亲拍了一份电报。塞利姆派来大队人马，终于将旅队从伏击圈里救了出来。

一切完满结束。沙法尔、斯卡宠特和那位充当人贩子的船长全部被杀。到了斯库台，凯拉邦要让那对年轻人举行婚礼。这时他才得知，婚礼只能在君士坦丁堡举行！因此，他还得付税才能到那儿去。

当然，固执的凯拉邦不愿付税，他设想坐上一辆小车，由一位可与布隆登相匹敌的走钢丝杂技演员推送，从架空索道渡过海峡。两位年轻人终于成亲了。凯拉邦购买了全部空中滑车的税权，免得今后再付税。

这是一部歌颂英雄的带喜剧性的小说。凡尔纳撇开原先打算周游地中海的计划，是因为他认为原先的计划缺少情节，从某些方面看是幼稚的。因而必须以另一方式处理这个题材。

但凡尔纳后来发现，也只能在同样困难的条件下完成他的黑海之游。阿玛西娅和她的女仆是聪明而稚气的姑娘。阿赫默德本人在旅行结束后虽然变得坚强起来，但仍然难以使人忘掉他的呆板平庸。

轿式马车遭到野猪的袭击，在"喷发泥浆"、氢气会燃烧的火山地带穿越塔曼半岛，阿蒂纳的暴风雨，内里萨峡谷发生的战斗等，都没赋予这些冒险事件以充分的力量。

使这次旅行显得颇有生气的不完全是冒险事件本身，而是对话的运用。在创作时，作者不知不觉地运用起戏剧的笔法，使文章中充溢着敏捷而激烈的答辩。指责结婚带来约束的那一段就有许多生动的对话，但这段文字并不表达对女人的憎恶。"迷人的女性"仍保持其全部的磁力，而且，女性十分有能耐，完全可以控制住以冷酷掩盖其弱点的男人；同样，女人也以风韵或温情去掩饰自己那种起主宰作用的禀性。

事实上，该书的真正主题是凯拉邦。他既是中心人物，又是个具有蔓延性的角色，他是固执、荒谬的写照。他喜欢闹别扭，违抗任何约束，以不受管制、甚至通过暴力获得的权力意志为基础，无时无刻不在发泄自己的不满。凯拉邦相信自己总是有理，若事实证明他错了，他便勃然大怒。

因为多年来，凡尔纳的脑海里一直有一个使他产生各种忧虑的年轻人晃来晃去：他虽然不是傻瓜，但干的全是蠢事；他生来就是叛逆者；他不能容忍任何阻碍；他顽固地要作那些毫无出路的事情；为了寻求冲撞良知的乐趣，他支持各色各样的辩论；他不容忍自己做到合情合理，但他宽厚仁慈、豁达奔放。总之，这是一个令人费解的人物：他的儿子米歇尔。

1885 年前后，米歇尔创办了一个企业。他所作出的努力使他父亲大为惊讶。不幸的是，由于对商界缺乏经验，他竟遇到麻烦，使家里损失了 30000 法郎。此后，他在报界摸索过，也在文学界闯荡过。

凡尔纳和赫泽尔高兴地发现他很有才华，但又痛心地发觉他毫无耐性。

凡尔纳的收益在逐年减少，迫于经济拮据，家庭开支入不敷出，1886 年 2 月 15 日，他不得不以 23000 法郎，卖掉了心爱的"圣米歇尔 3 号"。这对凡尔纳也是个不小的打击。

从此，凡尔纳的海上生活这一页永远地翻过去了。

意外遭到侄子枪击

凡尔纳于 1886 年 2 月 15 日以 23000 法郎低价卖掉"圣米歇尔 3 号"之后，心中空荡荡的，怅然若失，从此与大海隔绝，其情凄凄，其苦昭昭，使凡尔纳永远无法恢复过来了。

常言道，"福无双至，祸不单行。"凡尔纳尚未从打击中苏醒过来，又一次更大的打击迎面而来，从此他的健康情况急转直下，永远地把他禁锢在亚眠。

1886 年 3 月 10 日，在巴黎的老赫泽尔正打算在蒙特卡洛恢复一下他那虚弱的身体，突然他接到凡尔纳的律师罗贝尔·戈德弗鲁瓦从亚眠发来的一份电报：

今天下午 17 时 30 分，得了精神病的加斯东向儒勒·凡尔纳开了两枪。仅有一弹命中。凡尔纳脚部受了伤。我希望不是很严重。望您速来。

儒勒和保尔两兄弟素来相亲相爱。他俩的年纪相差不大；他们在同样的学校接受培养，而且具有对航海和音乐的共同兴趣。

而且，他们兄弟俩所走的两条道路是呈平行性的：保尔是海军军官，做过许多旅行，游遍世界各大洋。他到过安第列斯群岛，参加过克里木战争。

他的军人生涯因一位未婚妻的要求而中断了，这位未婚妻要他辞职，但当他顺从这种要求时，她又把订婚戒指还给了他。保尔不得不谋求一种职业，在南特当了证券经纪人。

1859 年，他跟祖籍布卢瓦的梅斯利埃小姐结婚。梅斯利埃太太经常带着她的 4 个女儿去波尔多，住在"四姐妹公馆"里。

加斯东是保尔的儿子，凡尔纳十分钟爱这位侄儿，他那严肃的性格正好跟他两位弟弟的轻浮和米歇尔的鲁莽形成鲜明对照。

加斯东也曾非常喜爱他的伯父，这小伙子不仅仅做过伯父航游中的旅伴，而且还忠实地写下那次地中海之行的日志。

后来，加斯东到外交部门任职，繁重的工作使他的精神崩溃了。这位处事似乎很有条理的侄儿却突然地精神失常。他到布卢瓦参加了一位表妹的婚礼，旅行归来时，他突然产生要到亚眠的怪念头。他跟姑母一道从布卢瓦回来，半路上，他说要去理发，下车走了，以后便再没露头。

3 月 10 日下午，凡尔纳正在返家的途中，他从巴黎路拐过来，步入通往家门的路。灯光下，年近六旬的凡尔纳依然精神抖擞，面容英俊端正，温雅恬静，宽大的额头衬着灰白的须髯，嘴唇紧抿着，更显得庄重而刚毅，只是两只眼睛中露出淡淡的忧伤，他昂首阔步，半新的黑礼服一尘不染。

正当凡尔纳要去开那扇对着夏尔－杜布瓦街的大门时，加斯东突然出现在他身边。加斯东说，有人正在追他，要伯父保护他免遭敌队的袭击。凡尔纳肯定地对他说，他后面根本没人追来，但他并不相信："呵！连你也不想保护我！"加斯东喊了一声，随即拔出手枪对着他伯父扣动扳机。

当时，第一颗子弹打在石阶上；第二枪击中他的腿部、子弹嵌入胫骨。但医生当时说，伤势不会产生严重后果。子弹尚未取出，说不定今后也无法取出。他不觉得疼痛。大夫将给他安一个仪器把伤脚固定直至痊愈。

当老赫泽尔接到电报时，由于他身患重病，生命垂危，小赫泽尔也正守在他身边。

保尔听到这个消息之后，他立刻从卢布瓦赶到亚眠。一开始，家人向外没有提到凶手是加斯东，但这个消息不久还是传开了。

无论当时加斯东出于何种动机，但加斯东显然是精神错乱。他被送去观察，后来还住了医院。

加斯东一直住在医院，等待对他进行检查的医生作出的决定，况且，这个可怜人实在不幸。这给全家造成莫大的悲愁。

凡尔纳的伤势非常严重，他当时就痛得晕了过去，等他再次醒来时，已经是第二天中午了。他正躺在自家床上，奥诺丽娜饱含热泪，米歇尔也在身边。医生说，伤口开始化脓，子弹已无法从关节部取出，弹伤造成严重后果，可能致使他终身残疾。

当凡尔纳还在卧床养伤时，他突然接到消息说，赫泽尔于1886年3月17日在蒙特卡洛去世。接到赫泽尔亡故的噩耗，凡尔纳一下子惊呆了，好半天一言不发，而后声泪俱下。

他这位老朋友的虚弱体质对他来说不是秘密，但蒙特卡洛曾多次使这位体弱多病的人恢复体力。因此，他对病情时轻时重的赫泽尔已经习惯了。赫泽尔到他特别偏爱的地方住上一些日子，往往又变得精神焕发。这一回，精疲力竭的赫泽尔终于病故。

赫泽尔的葬礼将在巴黎举行，凡尔纳不能亲自参加。但他遭到枪击后的第一封信便是写给小赫泽尔的。他向赫泽尔夫人和小赫泽尔表达了自己和奥诺丽娜的悲痛之情。

小赫泽尔继承了他父亲的事业，凡尔纳跟老赫泽尔保持过的联系，今后还要跟小赫泽尔继续保持下去。但位置倒过来了，小赫泽尔不是作家斯塔尔，而凡尔纳是从儿时便看着他长大的兄长。他们透过一位父亲的亡灵，对一个是亲生父亲，对另一个是精神父亲，互相间产生了一种兄弟般的情谊。他们一直相处得很不错。

由于接二连三的不幸事件的发生，不仅使凡尔纳心境不佳，影响健康恢复速度，而且伤口还继续恶化，到6月仍未愈合。10月，医生

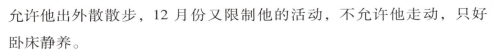

允许他出外散散步，12 月份又限制他的活动，不允许他走动，只好卧床静养。

新的一年来了，并没带来好运，1887 年 2 月 17 日，凡尔纳的母亲索菲去世，这位凡尔纳家族的"老祖宗"享年 86 岁。作家的伤情无转机，只好让奥诺丽娜只身前去南特处理善后。于是，凡尔纳"这个人口如此众多的大家庭的最后一线联系也断了"，致使这半残的作家一夜之间衰老了许多。

几个月后，当凡尔纳刚刚好转，能够下地走动的时候，就倚着奥诺丽娜到南特处理老宅。他已阔别 40 年的故居，如今已空荡荡的。他从一个房间走到另一个房间。每一件器物都唤起他对往事的回忆。当他最后扣上这幢老宅大门锁头的时候，他内心一阵痛楚：他的生命又一页，已经翻过去了。

凡尔纳离开南特，从此再没有回来过。他随身带着从妹妹那里拿来的母亲肖像作为纪念。

虽然不幸的事件接踵而至，但凡尔纳并没有被彻底打垮。他才只有 59 岁，虽然身体受到了巨大的伤害，但他的思想仍和以往一样充满活力。他一定会奋斗不息。

与衰老和疾病抗争

1890 年，凡尔纳觉得自己这一年要经常去医院治疗已经积劳成疾的身体，影响了工作，已经变得碌碌无为。他对自己说："只要我能工作，我就不会再有所抱怨。"当他身体刚刚恢复了一些，他又投入了工作。

小赫泽尔向凡尔纳陈述了自己作为出版商所遇到的困难：公众不再喜欢阅读。

凡尔纳却相反的认为，公众很喜欢阅读，不过被连载小说填饱了，这大概就是单行本销售情况不佳的一个原因。他接着说："我还有几部作品要写，因而对此感到非常遗憾。我个人认为，这几部作品将以小说的形式完成对地球的描绘。"

凡尔纳完成了《布拉尼康夫人》。他非常明白，Mistress 不是英国人使用的字眼，但他在狄更斯的作品中经常碰到这个字，这说明还是有人在使用这种表达方式的。他信中谈道："您给我谈到 Mistress 这个字，这使我感到沮丧。我一直坚持使用这个字眼。对英国读者似乎有些碍眼，但对法国读者或许并非如此。"

他以一种明显的乐趣描写这位勇敢的女人去寻找自己的丈夫所经历的惊险遭遇。一开头，关于弗兰克林号准备起航的描写，让凡尔纳恢复了原先的那种兴致。

由约翰·布拉尼康船长指挥的、从圣迭戈出发的那艘三桅纵帆船，在新加坡中途靠泊后，即将开往加尔各答。这次航行本来不会出现任何困难。

远航归来后，约翰·布拉尼康将跟他的妻子多莉和小儿子瓦特相聚；这只不过是一次为时几个月的别离。

一艘由埃利斯船长指挥的本达里号航船到达圣迭戈，带来它跟弗兰克林号相撞的消息。根据兰·伯凯的妻子、其堂妹珍妮的建议，多莉到本达里号船上打听她丈夫在这次海上相撞事故中的详细情况。将她送往"本达里号"的小艇因操作不慎，不幸将她和怀中的婴儿一同抛落大海。一位具有献身精神的水手把母亲救起来了，但经多次努力，始终无法找到孩子。

多莉因儿子之死而失去理智；珍妮整日守候在她床前；这么一来，便将她丈夫也引入布拉尼康的家里来。严格控制他妻子的兰·伯凯是个心术不正的恶棍。

他正面临绝境，因而毫不犹豫地要利用当前的时机。成了这位精神错乱的不幸女人的保护人之后，他趁机企图夺取她仅有的一点财产。在得知她将成为家财万贯的伯父的继承人后，他便图谋插手有希望得到的遗产。

其实，珍妮是被认为没有子嗣的寡妇多莉的当然继承人。那位百万富翁的伯父的遗产将通过她而落入伯凯夫妇的手中。当他发现多莉已经有孕在身时，这项计划濒于破产。他非法地将她关禁起来，孩子生下来后，伯凯连忙将他抛弃在大路上，这样，珍妮将永远是多莉的继承人。

在可能被捕的情况下，他带着吓呆了的妻子一起逃跑。船主安德鲁接替他履行保护人的职责，并发现了他的舞弊行为。

时光匆匆而过，"弗兰克林号"一直杳无音讯，人们都以为它早已葬身大海。过了4年，多莉在得到悉心照料下恢复了理智。她得知丈夫遇难和伯父去世而即将获得一笔巨大财产。

但她并不认为自己已经丧夫。她打算用自己的这笔财产去远征，以寻找她丈夫和他的船员。

多莉做了两次尝试均一无所获，但这两次远征毕竟使她了解到

"弗兰克林号"曾偏航撞在帝汶海西侧的布鲁斯岛的礁石群上，5名船员的尸骸和"弗兰克林号"的钟都在该岛上找到了。一切希望尽皆落空。可是，布拉尼康夫人对在圣迭戈上船的9名海员的命运仍存在疑问。

"弗兰克林号"的大副费尔顿被找到了。他在澳洲生命垂危的消息将原先的结论全部推翻。布拉尼康夫人立刻动身前往悉尼。

费尔顿住在海员医院，生命危在旦夕。经询问，费尔顿在咽气前透露说，船长幸免于难，但被澳洲北部的游牧部落印达斯人俘虏囚禁。

勇敢的布拉尼康夫人随即带领一支远征队从阿德莱德出发去寻找这个部落。

一位年轻的见习水手戈德弗雷终于追上这支旅队。很奇怪，她觉得这位见习水手很像约翰·布拉尼康。相互关切使这位青年跟因生育而身体虚弱的母亲联系在一起。

兰·伯凯几经周旋，到达澳洲中部，在布拉尼康夫人旅途中的预定地点找到了她。多莉因重新见到珍妮而高兴，同意让伯凯夫妇加入远征队。

在穿越大沙漠时，布拉尼康夫人及其一行经历了种种不堪设想的危难，个个精疲力竭，正要到达目的地时，却遭到一场风暴的猛烈袭击。

兰·伯凯却趁机背叛，他鼓动黑人护送队逃跑，带着驮载粮食的骆驼和赎身金，到达了印达斯部落，并使约翰·布拉尼康获释。

兰·伯凯随即想杀害约翰·布拉尼康，幸亏一队值哨的警察及时赶到，救出了布拉尼康夫人及其同伴，解除了杀人犯的武装。前去侦察的戈德弗雷突然出现，向约翰·布拉尼康揭露了伯凯的背叛行为。一颗子弹了结了这个无耻之徒。

珍妮却被丈夫严重击伤，大伙找到她时，她已经奄奄一息，临死

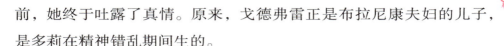

前，她终于吐露了真情。原来，戈德弗雷正是布拉尼康夫妇的儿子，是多莉在精神错乱期间生的。

在这部小说中，布拉尼康夫人冒着生命危险，从南至北踏遍了整个澳洲，这条路线迫使她经受穿越大沙漠的各种考验。对于这位女人来说，这的确是一个真正的锻炼机会。多莉具有非凡的毅力，她的女性特征仅仅表现为她对约翰的爱情和她的母性本能。

布拉尼康夫人除这些品质以外，还有决心，有明敏的智慧。珍妮的主要特性恰恰是缺少这些品质。

凡尔纳小时候寄居的房东桑本太太，曾因当船长的丈夫在海上遇难而悲痛欲绝。他在听到桑本夫人哀叹时，还是一个年纪幼小的孩子。凡尔纳现在根据自己的想象加以发挥，使对这个故事的记忆重新浮现在他的脑际。

跨入花甲之年的凡尔纳，一边是奋斗，一边是思考，他的思考包括两个方面：对科学热烈的畅想和对自己人生平静的回味。

在思考中，使凡尔纳担忧和悲痛的，不仅仅是个人和家庭遭受的挫折和不幸，他还为人类社会命运的前途莫测、科学技术成就被用来危害人类本身而忧心忡忡。

进而他明白，过错不在科学技术本身，也不在发明家和科学家身上，而是那些贪得无厌的资本家的罪过。

他伤愈之后这几年，发明家的形象又出现在他的小说中。然而，此时的发明家再也不是昔日那种生机勃勃、乐观向上的新世界开拓者和建设者的英雄形象，而是资本家卵翼下的奴仆。

从前，凡尔纳曾梦想过科学技术和工业化能给人类社会带来好处，认为这样的社会能从自然界获得财富，从而改善人类生活。

后来凡尔纳认识到，在现有制度下由于对财富的无止境的追求，必然导致少数人中饱私囊，多数人只能得到残羹冷饭，并预感到"以大部分人的贫困为代价换取一小部分人的虚假繁荣，必然导致混乱和

战争"。

1892 年，凡尔纳发表了一部相当古怪的小说：《喀尔巴阡城堡》。

拉·斯蒂拉是一位才华横溢的歌手。她的歌喉常常唤起听众的热情。而且她"美貌绝伦，披着一头金黄色的长发，长着一双闪闪发亮的乌黑、深邃的眼睛，容貌端庄，肤色红润，用伯拉克西特列斯的凿子兴许也雕琢不出这样的身材。一位卓越的艺术家从这个女人身上充分体现出来了"。

一位欣赏者每场演出都到场，对她的歌声百听不厌，他像影子一般从这个城市跟随她到那个城市。

而这个神秘人物是戈尔茨男爵，他的出现使斯蒂拉实在难以忍受。

年轻漂亮的泰勒克伯爵恰好路经那不勒斯，他也为这位艺术家的才情、尤其是为这位女人的美貌所倾倒。他狂热地爱上了她，并提出要跟她结婚。

斯蒂拉能用各种音调声情并茂地表达温情，歌唱灵魂中最强烈的情感，而其心灵却从未体验过这些情感的影响，只希望在艺术中生存。仅为艺术而生存的伟大的艺术家，居然心甘情愿地接受了泰勒克伯爵的求婚。因为这位年轻伯爵所拥有的财产将使她能离开舞台，摆脱那位对她纠缠不休的戈尔茨男爵。

关于这桩婚事的流言迅速传开，斯蒂拉最后一场演出的消息也公布出去了。观众为此而悲伤，戈尔茨男爵为此而气愤。

告别演出正在进行。斯蒂拉的歌声比以往任何时候都更加动人。但一看见她所憎恶的戈尔茨男爵突然出现，她一下子吓呆了。她心绪麻乱。这时，她的歌声戛然而止。

她倒在台上，因胸部的一条血管绷断，当即死去。戈尔茨男爵给他的情敌留下一封带威胁性的信："杀害她的是您！您该倒霉了！"然后便远走高飞。

泰勒克伯爵天天待在他的家族城堡中，过着忧伤悲愤的生活。他头脑里经常出现未婚妻的形象。

泰勒克过了几年隐居生活后，为了排遣内心的痛苦，他决定去进行一次旅行。到了喀尔巴阡地区后，他到一间乡村客栈要求借宿。他听说那座残败的城堡常有鬼神出没，当地居民终日惶恐不安。

人们告诉他：在这座城堡里的确经常发生一些古怪现象，各种声音甚至一直传到客栈大厅。

泰勒克伯爵认为这些都是迷信，心里不以为然。

一个年轻的森林看守人、法官科尔茨的女儿的未婚夫，在当地一位很大胆的人的帮助下，冒险去察看这座旧城堡。他刚到达吊桥便受到一股神秘力量的袭击，因而半身麻痹、沮丧地折回来了。至于他那位勇敢胆大的同伴，竟呆立原地无法动弹。

泰勒克意欲亲临现场，好让诚惶诚恐的村民放心。当他听说这座城堡属于他的情敌、已失踪多年的戈尔茨男爵时，他心里竟产生了莫名的不安。他似乎觉得，自己插手此事显然不大合适。正当他朦胧入睡之际，他听到了斯蒂拉的歌声。他不再踌躇，终于下定了决心。

就这样，他上路向高踞于一座陡峭的山冈顶上的旧城堡走去。

当泰勒克走近城堡时，夜幕降临了，他在城堡的土台上隐约发现一个身影——拉·斯蒂拉的身影。

泰勒克一直深信斯蒂拉依然活着，不过被控制在男爵的手中。吊桥落下来了，他毫不犹疑，立刻向城堡冲去。刚走几步，吊桥升起，折向一条暗道。他成了喀尔巴阡城堡的囚徒，在幽暗隧道的迷宫中迷失了方向。

泰勒克经过许多周折，他终于透过一条罅隙，看清一间破旧的小教堂的内部。戈尔茨男爵正在教堂里跟他的死党奥尔法尼克闲聊。奥尔法尼克是个怀才不遇的发明家，他通过电来产生各种神秘现象，以便将过于好奇的村民远远吓走。秘密架设的一条电话线，使戈尔茨男

爵能够随时听到客栈里顾客的谈话，还可以让村民听到各种他安排好的声音。

从戈尔茨和奥尔法尼克在小教堂的交谈中，泰勒克不仅了解到他们的发明秘密，而且晓得这两个家伙已经决定在他们逃走后，把即将受到警察袭击的城堡炸掉。

泰勒克为防止戈尔茨在逃走时将似乎失去理智的斯蒂拉带走，他千方百计潜进一间客厅，发现男爵正独自坐在圆椅里，面对一个舞台。斯蒂拉在舞台上出现，正在演唱优美的歌曲。

泰勒克伯爵向斯蒂拉冲过去，斯蒂拉双目炯炯地盯视着他。这时，戈尔茨捡起泰勒克掉落在地的匕首，大喝一声："你竟敢从我手里把她夺走！"随即用匕首向斯蒂拉的心房刺去。

随着一只镜子被击碎的响声，斯蒂拉也消失不见了。原来，这不过是一幅图像！

戈尔茨又说出一句令人费解的话："斯蒂拉再次从泰勒克的手中逃脱了，但她的声音永远属于我一个人。"

说时迟，那时快，戈尔茨抓过一只匣子，用双臂紧紧抱住，迅速地冲出大厅。

恰在这时，一位袭击者鸣枪，子弹将这个匣子击碎了，戈尔茨极度失望，边逃跑边高喊："她的声音，她的声音，他们给我砸碎了她的声音！"原来，这个声音是一种录音！

预定的爆炸发生了，喀尔巴阡城堡变成一片废墟，戈尔茨是第一个、也是唯一的一个受害者。奥尔法尼克及时地逃脱了。

泰勒克则成了疯子，口中喃喃有词，不断重复斯蒂拉演唱的最后乐章的歌词。奥尔法尼克把斯蒂拉的录音让给他，当他听到这位钟爱的女人的歌声时，他终于恢复了理智。

泰勒克狂热地爱着斯蒂拉，而且一直热烈地爱着她。他所爱的是斯蒂拉本人，如果说，他因听到她的歌声而恢复理智，那是因为这歌

声使他想起他的心上人。

而戈尔茨同样一直热烈地爱着她，但他所爱的是她那作为艺术家的才华。他是个纯粹的音乐迷，他爱的是一种歌声，听不到这歌声，他简直无法生活下去。

《喀尔巴阡城堡》这部作品，是凡尔纳向所爱的对象表示的一种敬意。他爱她，但并没对她直言，而且自己也并不承认。这是双方都没表白过的爱情，因为斯蒂拉也没向任何激动表示过让步。

到了晚年，凡尔纳发觉自己不再愿意为一个女人的微笑而牺牲自己的事业。他在《喀尔巴阡城堡》中表达了这种感情。

其实，早在凡尔纳 1889 年写给小赫泽尔的一封信中，他就曾暗示说，《喀尔巴阡城堡》已写好很久，他借拉·斯蒂拉的形象提起的那位让他深深眷恋的女人，大概死于 1886 年。

1896 年，已经 66 岁的凡尔纳，如果不是因为那只跛脚，他依旧健朗得很。他的脸上不少部位都使人想起了维克多·雨果。他就像一位受人尊敬的老船长，脸色红润，生活充实。一只眼皮微微下垂，但凝视出的目光坚定而有神，整个人散发出来自心底的善良和仁慈的馥郁之气。

这种品性，多年前埃克多·马洛笔下的一个主人公也曾有过。马洛这样写道："他是一个再好不过的家伙了。"这同时也是那个冷淡且潜藏起和大仲马兄弟般的情谊，尽管大获成功，但从未树过真正意义上的私敌的品性。但不幸的是，他的健康问题困扰着他。近些日子，他的视力渐渐衰退，以至于他无法自如地挥动笔杆，胃痛也不断地折磨他，可他仍如从前般坚毅。

"我已写了 66 卷作品"，他说，"如果上帝准予，我想写到 80 卷。"

1897 年 11 月 9 日，凡尔纳写信给小赫泽尔说，他就像一部机器那样一直在有规律地运转着，他决不会让机器熄火，这的确没夸大其词。他把 1894 年便已经写好，但在抽屉里整整放了 3 年的《美丽的

奥里诺科河》的手稿翻了出来，给小赫泽尔寄去了。

这年年底的最后几天，凡尔纳对这部作品的校样做了一次修改，并答应再复审一次；1898 年 3 月 4 日，他指出在奥里诺科河的那份地图上还应作一处更正。

他竭尽全力去对付岁月和疾病给他的摧残，1899 年 3 月 14 日，他怀着失望的心情写道："但这并没妨碍我全力以赴地进行工作。要是不工作，我将会变成啥样子呢？"

尽管如此，凡尔纳那渐渐衰弱的身体还是多次向他发出警告：虽然你此时刚过花甲，却已过早跨入垂暮大门。

由于腿伤久治不愈，他不得不倚手杖行走，一跛一拐，格外吃力；由于糖尿病和白内障，一只眼睛完全失明，另一只视力大大减退，读书写作十分吃力。

虽然如此，又被困在边陲山城，与外界接触减少，视力日益衰退，他却心明"眼亮"，对纷繁世界本质的认识越来越透彻。

每天黎明，甚至在黎明之前，他就起床开始工作，11 时左右，他出外散散步。简单用过午餐之后，他吸一支雪茄；他背着光坐在圈椅里，用鸭舌帽保护着双眼休息一下；他默默地凝神静思。然后，他迈着艰难的步伐到工业品公司去翻阅期刊；随后再到市政厅去。

他有时也会到大学俱乐部或联盟俱乐部去。最后，他在自家门前的林荫道上散一会儿步就回家去。吃过晚餐之后，他在床上休息几个小时，如果睡不着，他就会做填字游戏。

有几位朋友偶尔会来拜访他。他始终是那么平易近人。如果他对某个问题产生兴趣也会兴奋地谈论一番。他生活十分俭朴，而且无视社会上的舆论，如果他在大街上走累了，他就会随便找一家门前的台阶坐下来休息。

他在平时故意保持沉默，千方百计地躲开无谓的争论，以免因此而扰乱他的安静。他要发表意见时，总是经过深思熟虑之后才开口。

凡尔纳不愧是生活中的强者，他自强自立，自律甚严，不被病痛压倒，也不向挫折屈服。他抑制住心头的悲愤，强忍疾患痛苦，全身心地投入到创作中，寻找失去的自我。

当他一只眼已完全失明，另一只眼勉强能看见东西的时候，靠顽强的毅力：

> 我写得慢而认真，写了又改，直到每个句子是我渴望的为止。我常常使自己事先在脑中斟酌至少 10 部小说的主题和情节。因此您可以想见，若是我有多余的时间，我能毫不费力地完成我前面所提的 80 部小说，只是我在校样上花的时间太多了。
>
> 校样不少于 7 次或 8 次我绝不满足。在反反复复的修改后，毫无疑问，在最后的定稿中您已经看不出初稿的任何一丝痕迹。
>
> 我知道，这是金钱与时间的巨大牺牲，但我需要尽自己所能构建自己文章最美的形质，尽管人们从未在这方面公正地评判我。

同时凡尔纳"尽力把字写得清楚易辨，苍劲有力"；当他写字的手因痉挛而麻木，用半个身子趴在写字台上才不致倒下去的时候，仍笔耕不辍。

在凡尔纳那间独具匠心的屋子里，人们看到，他的一侧是一摞校本第六稿，他对着另一份长长的、客人此前兴致盎然地看过的手稿补充道："这个不过是一份我将要在自己身为一名议员的亚眠市政议会上讲演的报告而已。我对这座城镇的事务十分关心。"

在《北方反对南方》、《喀尔巴阡城堡》、《拉孔达的微笑》和《机器岛》中，他又部分地恢复了昔日的活力，虽然前两部书带有浓

重的悲剧色彩，但是他在《机器岛》中又恢复了幽默感。

　　凡尔纳只有在创作中才可以倾诉他心中的积郁和悲愤，才可寄托他的期盼和理想，他只有在创作中才能摆脱现实的烦恼，冲淡或暂时忘却他的忧虑和不安，忘却身上疾病的痛苦折磨。

　　1895 年，小仲马，那位自认"很久以来一直爱着您、把我称作您的兄弟"的好友，也离开了人间，无疑给他带来一份忧愁。

　　1897 年 8 月 27 日，凡尔纳的弟弟、也是他最要好的朋友保尔病故。因为自己病重，他没有能参加保尔的葬礼。弟弟的死，对他打击太重了，几乎难以承受。他给侄儿莫里斯的信中说："绝没想到你父亲先我而去。"

　　此后，凡尔纳的健康每况愈下，剧烈的头晕、胃扩张、风湿痛、气管炎、哮喘、糖尿病折腾得他四肢无力，心灰意懒。"我很少出门，变得像从前那样深居简出。年岁、残疾、病痛、忧虑，所有这一切使我变成一块铅锭。""我写起东西很吃力，但这没有妨碍我努力工作。"

　　尽管如此，凡尔纳仍咬紧牙关进行创作，他依旧像"一部上足了发条的机器那样有规律地运转"，"依旧扇动着幻想之火"，并"绝不让它熄灭"。

病情恶化与世长辞

1900 年 5 月 16 日，凡尔纳决定放弃夏尔－杜布瓦街他住了 18 年的那幢"空气沉闷而又冷冷清清的大房子"，搬回到朗格维尔街 44 号他原先住的那个住家。

凡尔纳对奥诺丽娜说："亲爱的，我觉得这个房子现在对我们而言实在太大了。"

奥诺丽娜那时已年届 70 岁，热衷于社交活动的年代已经过去了，她也深有同感："的确是这样。"

"尤其老管家去世之后，这么大的房子里只有我们两个老人，感觉更是凄凉。"

"唉！是啊！"

"你还记不记得我们刚到亚眠时住的那个家？"

奥诺丽娜笑了："怎么不记得，当时我们还嫌它太小了。"

凡尔纳苦笑着说："我们还是搬回那儿去吧！虽然我很喜欢这儿，但现在没有人照顾我们，这座楼房也的确太大，难以保证取暖，它已经不适合我们了。"

奥诺丽娜当即同意："好吧！"

他们搬家的时候，凡尔纳并没有把所有的东西都搬走，他故意留下了许多纪念物。三年前，他就已经毁掉了大量的信件和手稿、账簿等。他想在自己有生之年就让这些东西销声匿迹。

转眼间，他们又生活了四五年。凡尔纳虽然还在不停地工作，但他的身体却越来越差了。

岁月在流逝，他知道自己能活的年头实在不多了。他觉得自己四

肢不大灵活，仍然管用的只有自己的脑子。

青年因为没有过去，他只憧憬未来；老人，再也没有明天，总是愿意回忆过去。凡尔纳确实到了对自己作出总结的年岁。在这份总结表上排列着各种挫折和成功，而挫折所占的分量实在太大了！

童年和少年时代诸多美好回忆，总是难以忘怀，还有尚特内的田原风光，还有那个捉蜥蜴的小山岗，那次离家出走又被父亲追回来，自己多么幼稚啊！还有卡罗利娜，那位使他人生第一次遭受爱情挫折的小表姐，她那姣好的面容，婀娜多姿的体态，轻颦微嗔，回眸凝视，如今仍历历在目。

雨果初次接见，大仲马的青睐，巴黎歌剧院，《折断的麦秆》在南特上演的得意忘形，多么可笑。已经是那样久远，好像上一辈子的事情。他曾经想在戏剧中获得成功，却只取得少许引人注目的成就。

交易所呢？多荒唐的念头，无非出于对奥诺丽娜的爱情。他父亲怎么竟同意帮助他去做这种双重的蠢举呢？证券经纪，他可是最瞧不起金融界的；结婚，他实在无法向这位年轻俊俏的女人提供她所憧憬的娱乐。

他早就告诉过她，这种婚姻是一件不可能的事！可怜的奥诺丽娜，当他撇下银行的业务不管，将时间耗费在胡乱涂鸦的时候，她大概过着非常凄怆的日子。

这些年来所做的工作无疑能够满足他的好奇，但会不会徒劳无益？赫泽尔对他表示信任，他终于认为自己创造了一种新文学体裁。就这样，他的名字被列入了职业作家的行列。《哈特拉斯船长历险记》、《地心游记》、《海底两万里》标志着他满怀激情地走过了自己开创的这条新路。对，这只不过是一个书业上的胜利！他被自己的成就所固，将自己的命运跟《教育与娱乐》杂志的命运联系在一起了。

可是，多少人在他周围死去了，虽然这些死亡是无法避免的。

他正在脱离一个世界，也感觉到这个世界在脱离他。

抖掉悲愁，他更多地去考虑一直跟他保持友好而又素不相识的公众和读者，考虑年轻的一代。他为这一代年轻人贡献了毕生精力。

但是，对他自己的忧虑作出乐观回答的还是他自己：

我们固然会死亡，但我们的行为决不会消逝，因为这行为永远存在其无限的结果之中。过一天以后，我们的脚步便在沙石路上留下永不消失的足迹。

没有前者，决不会有后者，未来是由过去不为人知的延伸组成的。

世界各地的人们不但关心凡尔纳的作品，同时也都很关心这位老作家的健康状况。他身体不好的消息开始在各地传开，报纸上也不时刊登他体质衰弱的短讯。

他的朋友们知道了这是真的，都纷纷来探望他，希望他们能给凡尔纳带来一些令他高兴的好听的故事。甚至有许多人给他寄来治疗白内障的处方。凡尔纳对此深表感谢。

而这时，凡尔纳的糖尿病、排尿增多更加重了他视力的减退。他成了一个可怜的疾病缠身的老人。

1904 年 9 月 2 日，他正在修改《世界的主人》大样；10 月 15 日，寄出《海浸》；12 月 12 日致小赫泽尔的信中，仍字斟句酌，反复推敲，修改稿件。

12 月 20 日，又致信意大利评论家马里奥·蒂里洛，说他读过评论家在《那不勒斯》发表的评论他作品的文章，深表谢意。

当他写完《世界的主人》的时候，几乎完全失明了。极差的胃功能使他每顿只能吃一只糖水蛋。

1905 年 2 月 8 日，他迎来 77 岁生日。一个月后即 3 月 17 日，糖尿病又一次复发，而且病情有增无减。3 月 20 日，病危消息传到巴

黎，散居在各地的家人匆匆忙忙来到亚眠。米歇尔带着妻儿从法国南方匆匆赶回来。

病情一天天恶化，他有时连周围的人也认不出来，甚至丧失意识。

1905 年 3 月 24 日，这天是星期五。当凡尔纳发觉所有亲人都围在他身旁时，他只是深情地望了一眼。这一瞥目光显然是说："你们全都来了，这很好，现在我可以走了。"随后，他转身对着墙壁，泰然自若地等待死神的降临。

凡尔纳很快进入垂危状态，清晨 8 时，儒勒·凡尔纳与世长辞，享年 77 岁。

儒勒·凡尔纳的葬礼于 1905 年 3 月 28 日举行，葬礼很隆重，有士兵、学生、世界名流，也有政治家参加。德国政府派遣驻法大使代表德皇向"一位一向不宽容的作家表示敬意"，这使凡尔纳家人很受感动。在护送作家遗体去公墓的人群中，有一个英国人，与凡尔纳家族每一个人握手时，用不太流畅的法语反复说："鼓起勇气，振作精神，经受住痛苦的考验。"

凡尔纳去世后，人们在他的抽屉里又发现了 7 部手稿，他一生中一共出版了 100 多部小说。

奥诺丽娜于 1910 年 1 月 29 谢世，终年 80 岁，安葬在儒勒·凡尔纳墓旁。此后在南特和亚眠建了纪念碑，但不完全一样。

1907 年，米歇尔为父亲重新树碑。此碑由名雕塑家设计制作：大胡子凡尔纳，头发被海风吹动，从墓中裹尸布挺身而起，风度优雅，栩栩如生，一只手高高举起，指向未来，指向光明！

墓碑题字：

流芳百世，永垂不朽。

附　录

没有前者，决不会有后者，未来是由过去不为人知的延伸组成的。

——凡尔纳

经 典 故 事

做见习水手

小凡尔纳11岁时，背着家人，偷偷地溜上一艘开往印度的大船当见习水手，准备开始他梦寐以求的冒险生涯。不过由于发现及时，父亲在下一个港口赶上了他。这次以受到严厉的惩罚而告终的旅行换来的是更为严格的管教，他躺在床上流着泪保证："以后保证只躺在床上在幻想中旅行。"

百折不挠终遇知音

凡尔纳创作出《气球上的五个星期》后，16家出版社无人理睬，愤然投入火中，被妻子抢救出来，送入第16家出版社后被出版。赏识此书的编辑叫赫泽尔，从此凡尔纳遇到了知音，与之结下终生友谊。赫泽尔与凡尔纳签订合同，一年为其出版两本科幻小说。

结识大仲马

凡尔纳18岁那年，父亲让他去巴黎学法律。一天在一个晚会上，想早点离开的他撞到了一位胖绅士。

凡尔纳异常尴尬，道歉之后随口询问对方吃饭没有，对方回答说刚吃过南特炒鸡蛋。

凡尔纳说，他就是南特人而且拿手此菜。胖绅士闻言大喜，诚邀凡尔纳登门献艺。这位胖绅士就是当时法国最著名的能吃会写的作家大仲马。

从此以后，凡尔纳就在大仲马家里连吃带住，也像模像样跟着大仲马学写戏剧。以至于小仲马曾经感慨地说，就文学而言，凡尔纳更应该是大仲马的儿子。

从不放弃时间

凡尔纳每天从早上 5 时起床，一直写作 15 个小时。他只在吃饭时休息。当吃饭时，他搓搓酸胀的手，拿起刀叉，很快填饱肚子，抹抹嘴，又拿起了笔。

他的妻子关切地说："你写的书已不少了，为什么还抓得那么紧？"

凡尔纳笑着说："你记得莎士比亚的名言吗？放弃时间的人，时间也放弃他。哪能不抓紧呢？"

在 40 多年的写作生涯中，他记了上万册笔记，写了 104 部科幻小说，共有七八百万字，这是一个多么惊人的数字！

勤奋积累创作的源泉

儒勒·凡尔纳著作丰富，仅小说就有 104 部，于是人们就传说他有一个"写作公司"，公司里有不少作者和科学家，而他只不过是占有别人的劳动成果罢了。

有个记者为此特地前去采访。凡尔纳知道他的来意后，把他领进了工作室，指着一排排柜子对他说："我公司的全部工作人员都在这些柜子里，请你参观一下吧！"

年　谱

1828 年 2 月 8 日，生于法国西部海港南特。

1833 年至 1846 年，先就读于桑本夫人所办的学堂，后来转入圣斯塔尼斯拉小学，随后又进圣多纳蒂扬的一所小神学院，最后进入皇家中学，即后来的南特中学。

1846 年，通过中学毕业会考，为取悦父亲打算学习法律。

1847 年 4 月，起程去巴黎。考入法科一年级。4 月 27 日，他爱慕的表姐卡罗利娜·特朗松结婚，父母让他离开南特。

1848 年 7 月，回到巴黎参加法科二年级考试。经常出入于几个文学沙龙，从这一时期开始，感到文学比法律对他更有吸引力。

1849 年，取得法学学士学位。写下大量剧本。与小仲马结为朋友，创办"十一条光棍"俱乐部。

1850 年 6 月 12 日，《折断的麦秆》首演，这是他第一部出版并上演的剧本。

1852 年，拒绝继承父业，转而从事文学创作。担任歌剧院秘书。

1856 年 5 月 17 日，去亚眠参加朋友奥居斯特·勒拉日和埃梅·德·维亚恩的婚礼。爱上新娘的姐姐奥诺丽娜·德·维亚恩。为改善经济状况，决定去交易所工作。

1857 年 1 月 10 日，儒勒和奥诺丽娜在巴黎举行十分简朴的婚礼。出版第一部歌曲集，由伊尼亚尔作曲。

1861 年 8 月 3 日，他的独生子米歇尔出生。

1862 年 6 月，与赫泽尔会面。《空中旅行》更名为《气球上的五个星期》。10 月 23 日，与出版商签订第一份合同。

1865 年，发行《从地球到月球》。

1867 年 3 月 23 日，与其弟保尔搭乘"大东方号"去美国；参观纽约和尼亚加拉大瀑布。7 月创作《汉堡》。

1868 年 2 月底，"狂热地"继续创作《海底两万里》。5 月 8 日，签订第四份合同。

1869 年，在南特居住一段时间后，3 月底迁居克罗托伊。在《杂志》发表《海底两万里》。

1871 年，定居亚眠。11 月 3 日，其父皮埃尔·凡尔纳逝世。

1873 年，在亚眠乘坐热气球，并写成报道《气球上的八十分钟》。创作《神秘岛》。迁居朗格维尔街 44 号。

1874 年，在《杂志》发表《神秘岛》。在《时代》发表《大法官》。剧本《八十天环游地球》首演。出版小说集《牛博士》。

1876 年，购买"圣米歇尔 2 号"。奥诺丽娜·凡尔纳病重。

1877 年，在《时代》发表《黑印度》。《地心游记》引发蓬·热斯特诉讼案。购买"圣米歇尔 3 号"。

1878 年，发表《十五岁的船长》。剧本《格兰特船长的儿女》首演。首次乘"圣米歇尔 3 号"出航。

1879 年，再乘"圣米歇尔 3 号"出航，赴英格兰和苏格兰旅行。

1881 年，发表《大木筏》，第三次乘"圣米歇尔 3 号"远航。

1884 年，在地中海第四次乘"圣米歇尔 3 号"长途旅行。

1886 年，出售"圣米歇尔 3 号"。3 月 9 日，被加斯东·凡尔纳枪伤。3 月 17 日，赫泽尔去世。

1890 年，健康状况欠佳，并逐步恶化。

1900 年 10 月，离开夏尔－杜布瓦街，迁回朗格维尔街居住。

1905 年 3 月 17 日，出现偏瘫。

1905 年 3 月 24 日，病逝。享年 77 岁。

1905 年 3 月 28 日，出殡，各地纷纷电唁悼念这位伟大科幻作家。

名 言

● 道路千条，目的一个。

● 只有探索才知道答案。

● 敢于希望，才能成就伟大。

● 经商固然好，哲学价更高。

● 敢于崇尚牺牲，才能成就英雄。

● 任何事物都不应该过早成熟，包括进步。

● 但凡人能想象到的事物，必定有人能将它实现。

● 历史喜欢英雄的荒唐做法，但却也谴责他所带来的后果。

● 无意中占有同类自由的人都不应该宽恕，在任何情况下都不能。

● 科学固然好，但有时会出错，然而本能是永远也不会出错的。

● 由于热气球的出现，人类在空中遨游就不再是梦想，而成了现实。

● 人类既然不能呼风唤雨、叱咤浪涛，该不该制止自己狂妄地凌驾于造物主之上的行为呢？

● 我就像一部机器那样一直在有规律地运转着，但我决不会让机器熄火。

● 这是金钱与时间的巨大牺牲，但我需要尽自己所能构建自己文章最美的形质，尽管人们从未在这方面公正地评判我。

● 直至生命的最后一息，我始终站在受压迫人民的一边；每一个受压迫者，过去、现在和将来都是我的亲兄弟！

● 我需要工作，工作就是我的生命的全部意义。当我不能工作的时候，就形同行尸走肉，也就失去了生存的价值。

● 当科学开始说话的时候，那就只好闭口不言。但科学是从错误中产生，犯这些错误乃是必要的，因为这些错误逐渐导致真理。

图书在版编目(CIP)数据

凡尔纳／潘玉峰编著. —北京:中国社会出版社,2012.6
(世界名人非常之路)
ISBN 978－7－5087－4062－1

Ⅰ.①凡… Ⅱ.①潘… Ⅲ.①凡尔纳,J.(1828~1909)－生平事迹 Ⅳ.①
K835.655.6

中国版本图书馆 CIP 数据核字(2012)第 106186 号

书　　名:凡尔纳
编 著 者:潘玉峰
策　　划:侯　钰
责任编辑:侯　钰
出版发行:中国社会出版社　　邮政编码:100032
通联方式:北京市西城区二龙路甲 33 号
编 辑 部:(010)66080360
邮 购 部:(010)66060275
销 售 部:(010)66080360　传真:(010)66051713
　　　　　(010)66080300　传真:(010)66080880

网　　址:www.shcbs.com.cn
经　　销:各地新华书店
印刷装订:中国电影出版社印刷厂
开　　本:170mm×240mm 1/16
印　　张:13
字　　数:200 千字
版　　次:2012 年 7 月第 1 版
印　　次:2013 年 3 月第 2 次印刷
定　　价:26.00 元